本当に頭のいい子を育てる世界標準の勉強法

茂木健一郎
Mogi Kenichiro

PHP新書

はじめに

「頭の良さ」の基準が変わってきた

二〇二〇年度からセンター試験が廃止され、新しい「大学入学共通テスト」が実施されます。従来型のセンター試験は「記憶力や知識量」を問うものでした。新しいテストでは、「記憶力や知識量」に加えて、「思考力・判断力・表現力」も問われるようになります。

「記憶力や知識量」は、これまでの受験用のテクニックを駆使すれば発揮できます。それに対して、「思考力・判断力・表現力」は、「地頭《じあたま》の良さ」が試されます。地頭力は、「既存の知識にとらわれず、自分の頭で考えられる力や、自分なりの切り口で問題を探究できる力」のこと。もっと簡単にいうと、子どもたちが自ら考えたり、自分自身の判断で行動したり、自分の考えを相手に伝えられることです。

なぜ、このように試験が変わるのかというと、ＡＩ（人工知能）が台頭する時代がやってくるからです。既に今でも、インターネットの出現により、世の中の大半のことは検索すればわかるようになっています。そこで知識を頭の中に詰め込む必要がなくなりました。つまり、**既存の学歴や偏差値教育など、旧態依然のやり方が通用しなくなる**ということです。

公務員もAIに取って代わられる時代はすぐそこに

ＡＩが得意とするのは、ビッグデータをもとに学習し、適切な答えを見つけ出すこと。したがって既存の分野（過去の事例や情報が膨大に蓄積されている分野）においては、ＡＩと競ってもかないません。オックスフォード大学のマイケル・Ａ・オズボーンとカール・ベネディクト・フレイの研究（「雇用の未来」）によると、例えば、秘書、一般事務、会計士、パラリーガル（弁護士の業務を補助する人）、中央官庁職員などの公務員、銀行の融資担当者、レジ係、受付などは近い将来ＡＩに取って代わられる職業として挙げられています。

中央官庁職員などの公務員も入っているのか、とびっくりされた方もいらっしゃるでしょう。その理由は、きっちり決めたことを守る機械なら、年金機構の個人情報流出のような事件も防げるし、無駄な建物も作らないだろうし、横領も不正も起こさず、ＡＩにはうってつけだからです。

またアメリカの大統領経済諮問委員会（ＣＥＡ）のジェイソン・ファーマンは、「**人工知能によって時給二〇ドル（約二〇〇〇円）以下の仕事の八三％ではＡＩが優勢になる**」と予想しています。ＡＩやロボットがやれることをわざわざ人がやっても仕方がない時代がやってくるからです。

社会が大きく変化し、前例のない問題が次々と起こっている今の社会においては、日本型の教育はまったくの時代遅れになってしまいました。それをよくあらわす例として、「世界大学ランキング」があります。

イギリスの高等教育専門誌『Times Higher Education』が発表した二〇一九年世界大学ランキングによると、一位オックスフォード大学、二位ケンブリッジ大学（ともにイギリス）。一〇位までには、国別でアメリカ七校、イギリス三校となっており、日本の大学は一〇〇位以内にわずか二校（東京大学四二位、京都大学六五位）という結果になっています。Ｇ７（主要先進7か国首脳会議）に名を連ね、GDP（国内総生産）でも世界第三位だというのに、大学ランキングは一〇〇位内に二校のみとは、なんともさみしい結果です。

既存の勉強法では将来、AIに太刀打ちできない。となると、私たち人間に求められるのは、AIが苦手とする分野。これから成長が見込める新たな分野を開拓したり、今まで誰もやってこなかったアイディアを実現したりすることです。

そこで「思考力・判断力・表現力」が必要になってきます。これらは地頭の良さが問われるもの。**この地頭を良くするのが、教育改革期の今、注目されている「探究学習」**です。

今、大注目の学習方法

探究学習とは、「能動的な学習」「答えを導き出すための力をつける学習」と定義づけられます。「探究科」を導入したことで、京都大学などの国公立大学への進学者が約一八倍にもなった、京都市立堀川高校の現校長・谷内秀一さんの言葉を借りれば、「答えのない問いに対して、自分が正しいと思われる答えを導き出す営《いとな》み」となります。

自ら設定した課題に対して、仮説を立てたり情報を集めたりして、主体的にその答えを探っていきます。探究学習の答えは、ひとつではありません。答えを限定せず、あらゆる可能性を探り、結論に導くこと自体が学習なのです。

東大生の一割しか、本当の思考力を身につけられていない

探究学習の課題は、社会問題でも自分の趣味に関してでも、何でも構いません。ただ、子どもが好きで熱中しているものの方が、報酬系の神経伝達物質であるドーパミンが放出され、「ドーパミン・サイクル」が回り始めます。好きだから調べる、新しいことがわかって楽しい、また調べる……。こうして繰り返していくうちに、脳の性能が上がり地頭が良くなります。

親にとって、「そんなことに熱中して、一体何の役に立つの?」と思うようなものでも、子どもが熱中しているのであれば、全力で応援してあげてください。親の応援がないと、子

どもは、「ちょっと興味がある」程度の中途半端な状態で終わってしまい、それ以上探究を深めることができません。深めることができないと、「思考力・判断力・表現力」は身につきません。

この「学びたいことを自分で見つけて熱中する力」こそ、AIにはない人間の素晴らしさであり、これからの時代に必要となる能力です。

これとは反対に、子どもが何を学びたいかは無視して、とりあえず有名大学に入れることを念頭に置いている親御さんもいます。しかし、子どもが何の情熱も持たずに大学に進学することに意味はあるのかどうか、よく考えてみてください。

読者のみなさんのお子さんが大人になる頃には、確実に今ある多くの仕事がAIに取って代わられます。**従来の偏差値教育で行なわれている、たくさん覚えること、同じ行動を間違わずに反復することなどは、明らかにAIの方が優秀**ですから、受験勉強だけをやっていても将来の見通しは明るくはないでしょう。そうなると、東大を頂点とした今の日本の教育の在り方は、社会では通用しなくなるかもしれません。

確かに東大は、入試だけでなく大学での学問の内容もトップクラスです。しかし、AIに代表される世界の最先端の企業の動向や研究へのアクセスや、そこから生まれる新しい学問への接続においては、課題が多くあります。教員も学生も気がつかないうちに、国内ナンバーワンの座に安住してしまっているのでしょう。

僕の実感からいくと、日本で一番「頭がいい」と思われているであろう東大生でも、「本当の思考力」を身につけられている学生は、一割くらいです。知識が問われる受験勉強は得意でも、自ら問いを立て、思考する力を持っている学生は驚くほど少ない。

これからの時代は、ＡＩにできない仕事をすることが大切です。新しいアイディアを思いつく思考力、それを形にできる判断力や独創性に富んだ表現力。つまりクリエイティビティこそが、新しい時代に求められる資質なのです。

このようなことを考慮すると、親が子どもにできる最強の教育は、子どもが興味を持ったことを徹底的に探究させてあげることではないでしょうか。

欧米では課題を見つけ、探究する勉強法が当たり前

地頭力があれば、人生を主体的に考え、自分で考え実行できる力や、いろいろな人と対話や協力をして働く能力、さまざまな問題に疑問を持ち、探究できる能力が育っていきます。そのため、大人になってもそれらの能力を駆使して、変化の大きな社会を乗り切っていくことができます。

例えば、アメリカでのＡＩの開発は国家プロジェクトで国が率先して行なっていたり、名だたる大学や企業が中心となって研究開発したりしているわけではありません。実際には、ＡＩは無名の人たちが何人か集まった小規模なプロジェクトでつくられています。それをグーグルなどの大企業が買い取っているというわけです。

ですから、アメリカではどこの大学を出たかも、国の組織や大企業に所属しているかもあまり関係ありません。知識とアイディアがあれば誰でもどこでも社会を動かすプロジェクトができる、下剋上の社会になっています。その基礎となっているのが教育です。**欧米では子どもの頃から、自分で課題を見つけてきて、探究することが前提となっています。**だからこ

そ、刻々と変化していく社会に対しても対応できるのです。

日本では依然として、子どもは有名な中高一貫校に入れて、その後は有名大学に行き、一流企業に就職できれば人生は安泰という考えがまかり通っています。そして勉強は、受験のためだけのものという意識が根強く残っています。

しかし、繰り返しますが、**変化の激しい今の社会においては、従来型の教育では対応できません**。とくに、日本はどんどん人口が減ってきていて、労働人口も少なくなっています。ということは、一人ひとりが生産性を上げていくためにも、言われたことをやるだけではなく、もっと創造的な仕事をしていかないと、国は衰退するばかりで発展していかないでしょう。国が衰退していけば、個人も経済的にも精神的にも豊かな人生を送ることは難しくなるのではないでしょうか。

史上最強のオールマイティ勉強法

先ほど日本の教育は時代遅れだといいましたが、徐々にではありますが、変化も起きています。教育現場では、文部科学省が探究学習の考え方を学習指導要領や大学入試に（記述式の問題が増えるとされている）取り入れることを示し、その対応も始まっています。

そこで本書では、**徐々に広まりつつある探究学習のやり方と、時代遅れとはいえまだまだ日本社会では重要視される従来の受験、両方ともに対応できる「オールマイティ勉強法」を提案**します。

まずは、地頭力を鍛え、将来的には創造的でユニークな人材やグローバルな人材を育てるための探究学習のやり方を第一段階ととらえます。そして第二段階では、探究学習で地頭力が鍛えられたうえでの受験に受かるための勉強法をお教えします。といっても、第一段階の探究学習ができていれば、第二段階の受験のための勉強はそれほど苦労することもないでしょう。

というのも、受験で問われていることは、天才的な小説を書けとか、画期的な発明をしろ、というものではなく、基本的なことです。一〇〇メートルを九秒台で走る能力を求められているわけではなくて、十二秒くらいでいい。つまり、第一段階で鍛えた考える力があればそれなりに受験には対応できてしまうわけです。

また受験のノウハウやテクニックだけを追求する勉強法だと、受験には受かるかもしれませんが、「大学まで」で終わってしまう人になる危険性があります。一方で、**オールマイティ勉強法を実践すると、社会に出ても活躍できる、創造的でユニークな人材やグローバルな人材になれる**というわけです。つまり、地頭力にも受験にも効くのが、オールマイティ勉強法の肝《きも》なのです。

本書ではお子さんを持つ親御さんを対象に、探究学習を行なっていて、毎年、東大や京大に多数の生徒を進学させている超進学校や、先進的な教育を行なっている学校での取材内容を踏まえつつ、実践的でわかりやすい独自の勉強法を紹介していきます。

ですから、「地頭力を鍛えろ！」とか「探究学習が大事」「自分の頭で考える力が大切」といきなりいわれても……と困っている読者にとっても、新しい勉強法の道しるべになることでしょう。もちろん、地頭力を鍛えて仕事に役立てたいと考えている大人の方々にも有効です。

本書をヒントにして、どんな時代になっても生き抜ける地頭力が身につくことを願っています。

本当に頭のいい子を育てる 世界標準の勉強法　目次

第2章

how to be inquisitive

超進学校ほど、探究を実践している

第3章

how to be inquisitive

「本当に頭のいい子」の親が家庭でやっていること

第4章

how to be inquisitive

「超地頭力」を鍛える五つの習慣

編集協力……石井 綾子

第1章

how to be inquisitive

脳が喜ぶ究極の勉強法——〝探究〟

探究学習を経験した子は、試験の成績も上がる

「記憶力や知識量」を問う日本の偏差値重視の教育は、確かに時代遅れです。しかしながら、非常にもどかしい状況なのですが、今の時点では、探究学習の成果は受験において評価してもらえません。いずれそうなるかもしれませんが、今は過渡期なので「記憶力や知識量」が問われます。

過渡期ということは、探究学習も受験勉強も両方やらなければならないわけです。これは、大変だ……と思うかもしれませんね。ところが、探究学習を経験した子は、学校の成績も上がります。

それを見事に証明してみせたのが京都の公立高校、堀川高校です。二〇〇二年に、前年度六人だった国公立大学現役合格者が、いきなり一〇六人になり、京都大学にも六人合格しました。この出来事は、「堀川の奇跡」といわれ、たびたびメディアに取り上げられました。

堀川高校の国公立大現役合格者が約一八倍に増えたのは、なぜなのか。

一九九九年四月、堀川高校では教職員たちの教育改革によって、探究科が設置されまし

た。探究科では、生徒たちの興味や関心を引き出す探究学習を導入し、楽しく学べる学校を目指しました。そして探究科の一期生が卒業した二〇〇二年に、国公立大現役合格者が前年の約一八倍になったというわけです。今では、普通科・探究科、現・浪合わせて五〇名から七〇名弱が京大や東大に進学していると聞きます。堀川高校の進学実績などを含めた飛躍は、明らかに探究学習の結果です。

以前、僕はテレビの取材で、当時堀川高校で校長先生をされていた荒瀬克己さんにお話を伺《うかが》ったことがあります。今回は、堀川高校を実際に訪れ、探究学習をしている高校二年生の生徒たちに「探究学習をやることが受験勉強にどのように影響すると思うか」を聞きました。

男子生徒の一人は、「自分が好きなことを探究するため、主体性が養われるし、探究課題についての知識もいっぱい身について楽しくなる。そのモチベーションと主体性を持ったまま受験勉強に取り組んでいけると思うので、来年の受験もうまくいく気がします」と語ってくれました。

ある女子生徒は、「探究学習に取り組んでからは、勉強の仕方が変わりました。今まではただ教科書を読んで知識を吸収していくだけだったんですけど、ある事柄がわからなかったら、調べてさらに深く追究するようになった。そうすると、受験勉強もただ知識を詰め込むだけの味気ないものじゃなく思えてきて、楽しく勉強できるようになりました」と答えてくれました。

堀川高校の生徒たちのほとんどは、探究学習を通して受験勉強も楽しめるようになったようでした。

堀川高校の他にも、「探究学習をしている子が、していない子に比べて、学力が上がっている」という事例はたくさん聞きます。例えば、解剖学者の養老孟司《たけし》さんをはじめとする多くの研究者が、子どもの頃に昆虫採集に熱中する、などの探究的経験を持っています。研究者の中の昆虫愛好家率はとても高いのです。

ではなぜ、入試科目に直接関係のない探究を積んだ方が、学力が上がるのか。それは、探究学習をどれくらい行なったかということが、その子の地頭の良さに繋がってくるからです。

ホリエモンこと堀江貴文さんの例を見てみましょう。堀江さんの話では、久留米大学附設高校二年の終わり頃の成績は、後ろから五番目くらいだったそうです。彼がいうには、中学校二年生から高校二年生までは、ほとんどの時間をゲームとプログラミングに費やし、とにかく熱中して探究していたとか。そして高校三年生になったときに、ハッとして「やっぱり東大に行きたい！」と思い、一年間は受験勉強に専念します。結果、見事東京大学に現役合格しました。

堀江さんが一年勉強しただけで東大に現役合格できたのは、探究学習を積んでいたおかげで既に地頭ができあがっており、受験科目も難なく吸収できたためだと思います。

つまり、**探究することは脳の基礎体力を養うようなもの**なのです。

探究学習とは、まだ調べられていないものを見つけること

先日、東京大学に通う一年生の学生と話していたとき、「東大も僕らが通っていたときとは、いい意味でずいぶん変わってきたな」という印象を受けました。

ある必修科目の授業では、いろいろな英語の論文を読んで「世の中でまだ調べられていな

いこと」を見つけ出し、それについて調べて英語で論文を書くことをやっているそうです。必修科目なので、理系の一年生全員が取り組みます。

「世の中でまだ調べられていないこと」をテーマにするとは、まさに探究学習そのものです。

多くの学生が大学に入っていきなり「英語の論文を読むこと」や、「まだ調べられていないことを見つける」という課題にだいぶ戸惑ったそうです。英語の論文を読むことも、探究学習をするのも初めての学生がほとんどだからでしょう。

僕としては、英語の論文を読むのは難しいとしても、探究学習なら小学生からでもできるので、早いうちからやっておくことをお勧めします。もちろん、小学生が英語の本を読んでもまったくかまわないのですが。

探究学習は、実際の仕事に近いともいえます。例えば、編集者になったつもりで「本の企画を考える」という課題を設定した場合、まずは情報収集をします。今売れている本はどんなものか、自分が作りたい本の類書にはどのようなものがあるのか。本が売れるためには、どの著者に書いてもらえば一番いいか。あるいは既存の本にはない画期的な企画はないか考えます。このように、大人が実際に仕事でやっていることを子どものうちからやってみることも探究学習です。

僕の例でいうと、最近、コピ・ルアックという非常に希少価値の高い世界最高級のコーヒーを一杯五〇〇〇円で飲みました。今まで飲んだなかで、一番ユニークでおいしいコーヒーでした。

それから、ますますコーヒーのことが知りたくなり、コーヒー豆の種類や淹《い》れ方などを調べていていろいろな発見をしました。例えば、コピ・ルアックはジャコウネコの糞《ふん》から取り出した未消化のコーヒー豆です。熟したコーヒーチェリーをジャコウネコに餌として食べさせます。すると、種の部分は消化されず糞として排泄《はいせつ》されます。それを集めてきれいに洗浄したものがコピ・ルアックです。

ここで大事なのが、ただコーヒーのことを調べるだけでは調べ学習（図書館やインターネット、聞き取りなどをして結果をまとめること）と何ら変わりがないということ。探究学習とは、調べて知識を深めていく過程で、新たな疑問が生まれ、それがどんどん課題の本質に迫っていくものであるべきです。

ジャコウネコのコーヒー豆について、さらに調べていくと、象の糞から取り出したコーヒー豆があることがわかります。すると、新たな疑問が生まれます。「ジャコウネコや象以外の動物にコーヒー豆を食べさせたらどうなるのか」と。「もっとおいしいコーヒー豆にするには、どうしたらいいのか」と疑問がわき、さらに探究していくことになるでしょう。

このように、自らの興味について突き詰めて調べていくうちに、「この問題はこういう切り口からアプローチしたら面白いのではないか」と、今までになかった課題にたどり着くこともあるかもしれません。

アメリカには入学試験もなければ偏差値もない

じつは、アメリカでは小学生のうちから、プロジェクト・ベース（計画・企画）で行なわれる学習に取り組んでいます。これは、日本でいうところの探究学習です。国語、算数、理科、社会、図工などの枠組みを超えて複数の学科の要素を取り入れるため、総合力が試されます。子どもたちは、何週間もかけてプロジェクトを仕上げていきます。

一部の日本の高校で行なわれる探究学習は、生徒が自らの興味や関心を課題にしますが、小学生なので課題は先生から割り当てられます。実際にあった課題を例に挙げると、アメリカ大陸を発見した十五〜十六世紀の探検家について、生徒一人ひとりが違う探検家について研究レポートにまとめるというプロジェクトです。

探検家の生まれ育ちや、探検の目的、探検時に直面した問題や困難、探検によって世の中に与えた影響、自分が面白いと思った史実、参考文献一覧などをレポートに書きます。さらに、年表と探検家のボードゲームをつくる。提出日に発表をして、そのあとクラスのみんなで、つくってきたゲームで遊ぶそうです。このように、プロジェクトにすることで、生徒たちはいろいろな探検家について深く学ぶことができます。

一九五一年にアメリカで出版されたサリンジャーの小説、『ライ麦畑でつかまえて（キャッチャー・イン・ザ・ライ）』。日本でも広く読まれているのでみなさんご存じだと思いますが、探究学習について考えていたとき、この小説の中のあるエピソードが思い浮かびました。

物語の主人公である十六歳の高校生、ホールデン・コールフィールドは学校の成績が振るわず、クリスマス休暇に入る直前に名門高校であるペンシー校から退学処分を言い渡されてしまいます。そのような状況のなか、自分が住んでいる寮に戻ると、ルームメイトから学校のプロジェクトとして出されたエッセイの代筆を頼まれます。

ホールデンは、他の科目は全部不得意なのですが、エッセイだけは得意なのです。そのプロジェクトは、何でもいいので身近なものをなるべく具体的にエッセイに書くというもの。ホールデンは、白血病で亡くなった弟が持っていた野球のミットのことを詳細に書きます。弟は、外野の守備についているときに退屈しないように、緑のインクでミットのあちらこちらに詩を書いていたのです。

そして、そのエッセイを書くプロジェクトが直接英語の成績になります。

『ライ麦畑でつかまえて』のこのエピソードから、アメリカではかなり昔からプロジェクト・ベースの学習が行なわれていたことがわかります。

教育が違えば、入試の方法も違います。

アメリカの大学入試では、日本のセンター試験のような全国一斉の試験はなく、偏差値もありません。また個々の大学や学部が入学試験を行なうこともない。日本のように、一発勝負の試験で合否を決めるのではなく、書類審査や面接によって一人ひとりの出願者をさまざまな観点から総合的に評価して合否を決めます。

書類審査は、学校の成績、エッセイ、推薦状、課外活動、テストの五つの要素をまんべんなく考慮します。学校の成績は、プロジェクトが成績になる科目もあるので、自分がどのような探究をしてきたかも考慮してもらえます。エッセイ、推薦状、課外活動は、成績やテストのスコアだけではうかがい知れない出願者の経験、価値観、意欲などの個性を見てもらうことにつながります。

なお、アメリカにはセンター試験のような一斉の入学試験はありませんが、民間企業・団体によってつくられた全国統一のテストはあります。代表的なものとしては、SATやACTです。

ただし、このテストのスコアが重要視されるわけではありません。学校の成績、エッセイ、推薦状、課外活動、面接などと並んで、総合的な評価の一つの要素でしかないのです。要するに、テストのスコアが良ければ必ず合格するというものでもないし、スコアが低いからといって、それだけで不合格になるわけでもありません。

最後に面接ですが、アメリカではユニークな人材が評価されるため、面接官は出願者の個性に注目し、その人にしかない持ち味を重視します。

どうでしょうか？　日本の入試とはずいぶん違いますよね。

探究学習の成果だけで一流大学に入れる時代がやってくる

日本の入試では、探究学習でどんなに素晴らしい成果を出しても、試験の結果が悪ければ不合格です。一方でアメリカの入試では探究学習が入試に直結します。

アメリカのジャック・トーマス・アンドレイカという少年は、十五歳にして膵臓《すいぞう》・卵巣・肺がんを早期発見できる検査法を発明しました。一九九七年生まれのジャックは、カーボンナノチューブと腫瘍マーカーとしてメソテリンを利用し、がんを早期発見するという研究で二〇一二年にインテル国際学生科学フェア（ＩＳＥＦ）のゴードン・Ｅ・ムーア賞を受賞、大きな話題を集めました。

ジャックががんを早期発見するための検査法の探究を始めたきっかけは、本当のおじのように親しくしていた人を膵がんで亡くしたことでした。その後、彼は当時の検査方法の問題点に気づき、新たな方法を開発するために、インターネットから科学論文やデータを集めます。

自宅では実証実験をするのは不可能だったため、実験プロトコルと理論を添えて各地の大学研究室、特に膵がんの研究者に宛てて約二〇〇通ものメールを送ったといいます。ほぼすべて断られたものの、一通だけジョンズ・ホプキンス大学から実証実験の受諾を得ます。その後、約七カ月研究を続け成果をあげたのです。

現在、ジャックは、スタンフォード大学の学生になっています。おそらく、彼の研究がダイレクトに評価された結果でしょう。

日本ではペーパーテストの文化が根強いので、ジャックのような大きな成果をあげても、それだけで大学に合格することは難しいかもしれません。一部AO入試や推薦入試でそのような試みが始まっていますが、まだペーパーテストというワンクッションを置かなければ入れない大学が多いです。

ただ、大学に入学することよりも、十五歳でがんの検査法を発見できる方が価値のある時

代が、すでに始まっています。将来的には、日本においても探究学習の成果がダイレクトに評価され、難関大学に入学できる時代がやってくるでしょう。

探究は脳を「フロー」に導く――グーグルの取り組み

グーグルの北米本社では、従業員が仕事に没頭し続け、最高のパフォーマンスを引き出すことができるように、さまざまな取り組みが実行されています。

グーグルの取り組みの中には、探究することも入っています。じつは、探究を深めていくと脳は「フロー」という状態に入り、恍惚《こうこつ》状態になることがわかっています。それまでの脳と探究を行なったあとの脳ではすっかり変わります。

どのように変わるのかというと、**探究により、課題や仕事に没頭し続け、最高のパフォーマンスをやってのける脳に変わっていく**のです。

「フロー」について、もう少し詳しく説明しましょう。心理学者のミハイ・チクセントミハイによって提唱されたもので、最高に集中した精神状態のことです。「集中しているが、リラックスしており、最大のパフォーマンスを発揮する」状態です。フローにおいては、このパフォーマンスをしたら成績が上がるとか、メダルがもらえるとか、行為を手段としてとらえるのではなく、行為自体が目的となるのです。フローは「ゾーン」とも呼ばれます。

フロー、あるいはゾーン状態のとき、脳内ではドーパミンやセロトニンをはじめとする、あらゆる神経伝達物質が活性化し、快感を得ます。それによって圧倒的な集中力が生まれ、最高のパフォーマンスが発揮できるようになるのです。

余談めいた話になりますが、グーグルがこの「フロー」状態に入ることを重視しているのは、「バーニングマン」というイベントへの参加を従業員に推奨していることからも窺《うかが》えます。「バーニングマン」とは、アメリカ北西部のネバダ州のブラックロック砂漠で毎年一週間限定で開催されるイベント。グーグルの創業者のラリー・ペイジとセルゲイ・ブリンは、毎年欠かさずこのイベントに参加しているそうです。砂漠の中の会場は、総面積約四・五平方キロメートルという広大な街とその周辺。電気、水道、電話、ガス、テレビ・ラジオ、携帯電話などのサービスもなし。そのため参加者は、食料と水、テントなどを持参し、他の参加者と助け合いながら砂漠の中で一週間を過ごします。

その間、昼夜を問わず、度肝を抜かれるような映像、方向感覚を狂わせる音響、アート・インスタレーションなどが催《もよお》され、会場全体がカオス状態になるのです。

この体験が重要なのは、それによって脳が「フロー」状態になることです。日常と異なる条件下で、与えられたものを使って、なんとか一週間を過ごしていく。ある意味、探究が不可欠な状況といってもいいでしょう。

バーニングマンは、確かに圧倒的体験ではありますが、年一回のイベントです。グーグルでは日常的に社員がフロー状態でいられるように、社員が行なう探究の助成なども行なっています。

好奇心の畑を耕すと探究心が生まれる

探究学習を始めるにあたって、具体的にまず何をしなければならないのか。

それは、もちろん探究する課題を見つけることです。

といっても、そんなに難しいことではありません。自分が興味や好奇心を持ったことをと

好奇心（感情）に関する評価理論

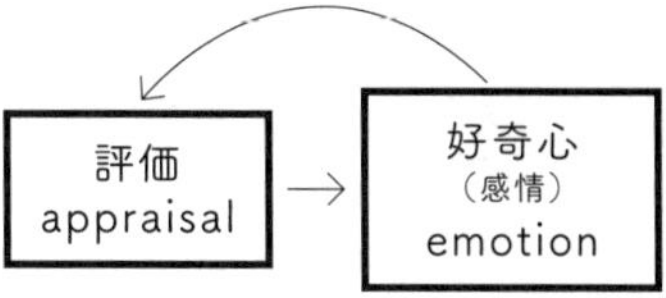

外界からの刺激を認知的に処理した結果、
感情（好奇心）が生まれる

っかかりにしていけばいいのですから。

さて、その好奇心ですが、脳科学的にはどのようにして生まれるものなのでしょうか。好奇心もひとつの「感情」なので、好奇心が生まれる過程は「評価理論」（appraisal theory／アップレーザルセオリー）によって説明できます。

感情がどのように生まれるかということは、じつは脳の働きから説明できます。普通に考えると、ある感情が生まれて、そのあとにそれに対する評価が生じるという順番だと思うでしょう。例えば恋愛でいえば、まず「好き」という感情が先にあって、そのあと相手とコミュニケーションするうちに、「この人はこういう人なんだ」という評価が下《くだ》って、それで気持ちが冷めてしまったり、もっと好きになったりする、と思いがちです。

しかし感情に関する評価理論によれば、まったく逆です。外界からの刺激を認知的に処理して、その結果として感情が生まれます。

例えば、モーツァルトの音楽を聴き、「素敵だな」という感情が生まれるためには、ある程度学習して経験を積むことが必須です。そうしないと、その感情は出てきません。モーツァルトに限らず、クラシック音楽をたくさん聴いたり、古典派音楽やモーツァルトの生い立ちなどを学習したりして、ある程度「学びの枠組み」ができてくると、「モーツァルトのオペラだったら、『フィガロの結婚』はどういう曲なのだろう」といった好奇心が生まれるわけです。

「ドーパミンの上流」を鍛える方法

好奇心が生まれると、脳内でドーパミンが放出されます。しかし、その前の、ドーパミンが出るに至るまでの段階、つまり「**ドーパミンの上流**」**に達するためには、**「**学びの枠組み**」**をつくり、自分の中で評価が生まれなければなりません。**

「面白さの閾値《いきち》」といういい方を僕はよくします。自分の中で「これは面白い！」と思う刺

学習で「ドーパミンの上流」を鍛え、ドーパミン・サイクルをまわす

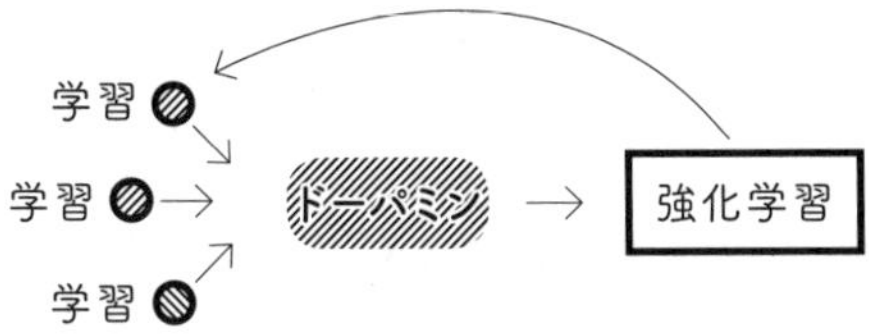

学習して「面白さの閾値《いきち》」に達すると、
ドーパミンが放出される

激量に達したときのことです。例えば、最初は古典の勉強をしていても、「源氏物語なんて面白くないな」と思っている。けれども、我慢して勉強を続けるうちに、「ああ、そうか！　古典って面白いな」という瞬間に出合います。これが面白さの閾値です。

つまり、「学びの枠組み」をつくり、「評価」と「ドーパミンの上流」を鍛える学習を積むと、面白さの閾値に達するというわけです。面白さの閾値に達するまでは、忍耐も必要になってきます。

以前は、「漢字なんて興味ないな」と思っていたのですが、あるとき、漢文学者の白川静さんが書かれた漢字の成り立ちに関する本を読んでいたら、「漢字って複雑で、いろいろ面白いんだな」と思える瞬間がありました。例を挙げると、「貨」や「財」という漢字には「貝」が入ってい

ます。昔の中国ではタカラ貝を通貨として使っていたから、お金に関する漢字には貝が入っているのだそうです。それがわかった瞬間、漢字の面白さにワクワクしました。これが、「面白さの閾値」です。

ここまでの話をまとめますと、好奇心を生むドーパミンを放出するためには、評価を鍛える必要があり、そのためにはいろいろなものに接し学習して経験を積むことが大事です。**そうして、好奇心の畑を耕すことで、探究心が生まれます。**

好奇心とは、いろいろなものの見方があることに気づくことです。そして、それが探究の第一歩なのです。

ユニクロなどを展開するファーストリテイリングのCEO・柳井正さんの幼少時のエピソードからも、好奇心の畑を耕すことの大切さが窺えます。柳井さんは早稲田大学の出身ですが、「私は学校の勉強はろくにやりませんでした。ただ、実家の紳士服店に常に大人が出入りしていて、子どもの頃から大人の世界、外の世界と接する機会がありました。学校という同質的な環境だけにいて、同世代ばかりと接していては、見えるものも見えなくなってしまいます。普段から大人たちの話に触れて、その内容に興味を持ったことは大きかったと思います」と語っています（「ハーバード・ビジネス・レビュー」２０１８年12月号）。

なるべく早いうちからネットに触れさせる

今の日本では、探究学習を本格的に取り入れている学校は非常に少ないと思います。そのような状況ですから、多くの読者は探究学習をしたいと思ったら、自分自身で、あるいは各家庭でやることになるでしょう。子どもひとりで、あるいは仲間だけで探究ができるだろうか？　と不安になる人もいると思います。

しかし、今はインターネットがあります。ネットがあれば、たいていのことは調べられます。逆に言えば、ネットは探究学習にとって必須のものです。ただ親御さんの中には、子どもがネットを利用すると、詐欺にあったり、暴力的な映像を見たりする危険性があるのではないかと、危惧する方も多いと聞きます。

確かに、ネットにリスクはつきものですが、子ども用の設定にするなどの防衛策を講じれば防ぐことができるでしょう。それよりも、リスクを恐れるあまり、子どもからネットを遠ざけている方が問題です。今の時代においては最先端の情報はネットにあります。となると、なるべく早いうちからネットに触れさせないと、一番の伸びしろが手に入らないのではないかと思います。

ひと昔前であれば、大きな図書館や博物館、美術館など、調べものをするための施設は都会にしかありませんでしたから、地方の子どもたちにとっては探究学習において情報量の差がハンディキャップになっていました。しかし、今ではインターネットがあるので、地方と都会の格差も解消されています。

ただし、ネットがあるからといって使い方を間違えてはいけません。芸能記事やインターネットテレビを見るなど、単なる消費者に甘んじていては探究にはなりません。

芸能記事を見てもいいけれど、それを探究のネタとして見てみてはどうでしょう。例えば、どういう芸能人が今はウケるのか、芸能事務所と業界のシステムはどうなっているのか、芸能人がプライバシーを切り売りするのは、どういう意味があるのか、諸外国ではどうなのかなど。さりげなく、子どもに対してこうした投げかけをしてみると良いでしょう。

好奇心を持って探究のネタを探せるよう、サポートしてあげるのが親の役目です。

探究学習ができる子・できない子

誰に言われることもなく進んで探究課題を見つけて探究できる子と、できない子の違いはどこにあるのでしょうか？

例えば「英語の上達には、英語の原書を読みましょう」といわれたときに、「お勧めの英語の本を教えてください」とか「どの本を読めばいいでしょうか？」とか「英語の本の読み方は、辞書を引きながら読むのがいいんですか？　それとも、引かないで読む方がいいんですか？」と、すぐに人に聞いてしまう人は、まず探究学習の基礎ができていないといっていいでしょう。

探究学習ができる子は、「英語の原書を読みましょう」といわれたら「じゃあ、読んでみよう！」と思って自分で本を探しに行きます。自分で探しに行く時点からすでに探究は始まっているのですから。また人に聞くよりも自分で探した方が、自分の興味や好奇心を刺激してくれる本が見つかるはずです。

英語の本の読み方に関しても同じことがいえます。読み始めてすぐにわからない単語が出てきたら、辞書を引くのか、そのまま読み進めるのか、音読するのか、黙読するのか、繰り返し読むのか、少しずつ読むのか、そういったことを探り探り自分で決めていけるのが、探究学習ができる子です。

勉強ができる子ほど、自分に合った勉強法を知っているものです。それと同じで探究学習についても、探究できる子は試行錯誤しながらも、自分の好きな課題を自分なりのやり方でやっていくことができます。

将棋棋士の藤井聡太さんも、過去の棋士の棋譜はほとんど研究しないと聞きます。もともと彼の名をはせた詰め将棋を土台にし、さらに人工知能のプログラムを相手に鍛錬して、その場でどう指したらいいか自分なりのやり方で考えて指しているそうです。人工知能が強くなった時代ならではの学習法だと言えるでしょう。

探究学習ができる子とできない子の違いについてお話ししてきましたが、はっきり言ってしまうと、最初は、ほとんどの子が自ら探究することはできません。だとすると、子どもにとって、探究することは難しすぎるのでしょうか。そうではありません。

本来、子どもはみんな好奇心旺盛で、大いなる探究心を持っています。それを潰してしまっているのは、学校です。学校に入って、暗記中心、知識偏重の詰め込み式授業ばかり受けていると、自分で考えることをしなくなり、どうしても受け身になってしまいます。すると、自主性や好奇心が徐々に失われていってしまうのです。

さらに学校の授業に加えて、塾にも通って受験対策のために詰め込み式の勉強を強《し》いられている子は、疲弊している場合が多いでしょう。

空腹でもないのに、無理やり食べさせられていたら、食べるのが嫌になってしまうのと同じで、無理やり詰め込み式の勉強をさせられていたら、探究どころではありません。ですから、まずはお腹を空かせることが大事です。

探究学習にとっての空腹状態とは、ぼうっと休むこと。『赤毛のアン』の物語の中にも描かれていますが、学期中は夢中になって勉強をするけれど、いざ長期休暇に入ると勉強は一切せずのんびりと過ごします。つまり**探究学習にとって大事なのは、休むときは徹底的に何もせずに過ごすこと**です。

最低三日はぼうっと過ごしましょう。三日くらいぼうっとしていると、封印されていた好奇心がむくむくとわいてきて、いろいろなことを探究したくなってくるものです。

僕の場合は、三日間休んでいる暇がないので、代わりに毎日ランニングを一時間して脳のリセットをしています。そうすると、走っている一時間の間は情報が遮断されますから、走り終わったときには「おお、またやるか」という気分になれます。

とにかく、三日間ぼうっとするのも、散歩やランニングで何も考えないで運動するのも、脳のリフレッシュにとってはとても大事なことです。そして、リフレッシュされれば、探究心がわいてきます。

探究課題をどう高めていくか

学校の勉強は、カリキュラムが決まっているため、足し算のあとは引き算、と順を追って学習して徐々に難しい内容に移行するので、その通りにやっていけば、例えば算数という課題を高めていくことができます。**課題を高めていけばいくほど、脳にとってはいい負荷がかかります。**

ところが、探究学習の難しいところは、課題を見つけたあと、その課題をどう高めていくかを自分で見つけなければならないことです。
三、四歳くらいの小さなお子さんを例にとって説明すると、その子が「きかんしゃトーマス」の鉄道模型で遊んだり、アニメを観たりするのが好きだとします。好きだというのは、興味の入口ですから、その子にとっての探究の課題は「きかんしゃトーマス」になります。
探究ですから、ただトーマスの模型で遊び、アニメを観ているだけではただの消費者になってしまいます。反対に、「きかんしゃトーマス」の新しいお話を自分で考えてつくってみる、となると探究になります。ひとりでつくるのが難しかったら、親も一緒になってつくっていけばいいでしょう。もちろん、小中学生でもひとりでは手に余るような課題であれば、親も一緒にやって、導いてあげるのもいいと思います。

さらに「きかんしゃトーマス」の課題を高めていくためには、世界観を広げるという手もあります。トーマスの宇宙版のお話をつくったりするのも面白いのではないでしょうか。

そのほかに探究課題を高めていく方法は、**探究学習の成果を自分で振り返って検証したり批評したりすること**です。

僕は子どもの頃から日本学生科学賞（一九五七年に創設された中学生、高校生を対象にした伝統ある日本一の科学コンクール）に蝶の研究で毎年、応募していました。最初の頃は、ただ標本をつくったり、蝶の分布を調べるだけだったのですが、だんだん科学的方法論がわかってきました。それからは、仮説を立ててそれを観察で検証して、仮説が合っているか調べるというやり方で探究を深めていくことができました。

将棋の藤井聡太さんが、なぜあんなにも注目されるのかというと、そのひとつは、将棋という競技は評価がはっきりしているという点にあると思います。将棋の世界は、勝ち負けがはっきりしていますから、見ている方もわかりやすく熱中しやすいのでしょう。従来型の学習もテストの点数や偏差値など評価がはっきりとつくため、その点に関しては明瞭でわかりやすいです。

ところが、探究学習はテストの点数のような明確な基準がないため、評価をつけるのが難しい。そこで自分の基準を見つけて、自分で批評していくことができれば、それは一生の宝物になります。

例えば漫然と小説を書いているだけなら、誰にでもできます。しかし、自分が書いた小説が優れているのかどうかを判断する厳しい基準が自分の中にあれば、小説の質は高められます。つまり、自分で自分の「評価関数」を定めることが大切なのです。

それには自分に厳しく、自分の課題を他人の課題のように客観視できる能力が必要です。本当に一流と呼ばれる人は、それができます。宮崎駿《はやお》さんは、自分の作品に対して誰よりも厳しい評価基準を持っています。

コンクールやコンテストをうまく活用する方法

自分で自分の課題を評価するというのは、普通の人にとってはなかなか難しいことです。

ですから、他者の評価と自分の評価をつり合わせることになります。具体的にいうと、コンペやコンクールに出て、自分の作品を他者に評価してもらう経験をすることです。

僕はここ何年か、ホンダの次世代育成プログラムとして行なわれている「子どもアイディアコンテスト」の審査員長をつとめています。全国の小学生を対象にして、未来にあったらいいなと思うアイディアを作品にするコンテストです。

二〇一八年の応募総数は、六〇〇〇作品を超え、最終的に最優秀賞を受賞するのは低学年の部と高学年の部から、それぞれ一名ずつ。最終審査に残って最優秀賞を逃したほとんどの子は、自分が選ばれなかったとわかると泣いて悔しがります。そういう子どもたちを見ていると、このコンテストが唯一の基準ではないけれど、何らかの基準で勝敗が決まることを、子どものうちに経験することは、その後の人生において大きな糧《かて》になると確信できます。

今どきの教育現場では、学芸会などの催《もよお》しを行なう際、主役が何人もいる現場もあるという話を聞きます。とくに、子どもが小さいうちはその傾向が強いようで、シンデレラや桃太郎が何人もいるといった具合です。子どもたちを公平に扱い、誰も傷つかないように、という配慮からそうなっているようです。

一方で、探究学習に力を入れ、「国際バカロレア」の初等教育プログラムの認定を受けたインターナショナルスクールの関西国際学園（乳幼児部から高等部まである）では、小さい頃から子どもたちに競争をさせます。

初等部では毎年十二月に行なわれるウィンターセレブレーション（海外や日本の伝統的な演劇や音楽を披露する会）のために、九月からオーディションを行ない、主役を一人に絞ります。子どもたちは、オーディションのために台詞《せりふ》を一生懸命練習して挑むため、落ちた子は泣いてしまうそうです。

「子どもアイディアコンテスト」でも関西国際学園でも、競い合った末に勝敗があることを知るのは、子どもにとって良いことだという方針です。

探究学習などのように、ペーパーテストでは測れない能力にも、基準があることを知る。そのことで、世の中で評価される基準はペーパーテストの結果だけではないのだということがわかります。学校の勉強ができなくても運動が得意な子、運動は苦手だけれど演技が得意な子、それぞれにちゃんと居場所があるとわかるでしょう。それにこれからは、学校の勉強だけできれば輝ける時代ではないのですから。

また、演劇のオーディションで主役になれなくても、脇役の方が自分には合っているという新たな発見をするかもしれません。あるいは、今回は主役になれなかったけれど、次回はなれるかもしれない、と努力をする子もいるはずです。

探究学習においても、他者から厳しい評価をもらうことが課題をさらに高めていくきっかけになることでしょう。そういう意味において、**誰も傷つかない教育は、誰も伸びていかない**と、僕は思います。

学歴よりも独学させよ

探究学習の究極の理想の姿は、オートディダクト（autodidact）、訳すと「独学者」です。数学者のピエール・ド・フェルマー、発明王のトーマス・エジソン、作家のヘルマン・ヘッセ、ジョージ・バーナード・ショー、アーネスト・ヘミングウェイ、作曲家の武満徹、ミュージシャンのデヴィッド・ボウイやジミ・ヘンドリックス、建築家の安藤忠雄、人工知能研究者のエリエゼル・ユドカウスキー。

彼らは、正規の学校教育に頼らず、それぞれの分野で一流の業績をあげた「独学者」たちです。

フェルマー（一六〇七年〜一六六五年）の職業は弁護士でしたが、仕事のかたわら独学で数学を研究し、解析幾何学を創設するなどの業績を残しました。「フェルマーの最終定理」と呼ばれる有名な命題は、三百六十年後に証明されるまで、数学の最難問のひとつであり続けました。

蓄音機、白熱電球、活動写真などさまざまな発明をしたエジソン（一八四七年〜一九三一年）は、小学校を三カ月で中退しています。そのため、母親に勉強を教わるとともに、図書館などに通いつめ独学で勉強しました。十六歳になる頃には、電信技士として働きながら、さまざまな科学雑誌を読んで学び続けます。

ヘッセ（一八七七年〜一九六二年）は、十四歳のときに難関とされる神学校に入学するも、半年で脱走。その後、別の学校に入学しますが、また退学。本屋の店員などさまざまな職業につきながら、作品を書き続け、六十九歳のときにノーベル文学賞を受賞し、ドイツ文学を代表する作家となりました。

武満徹（一九三〇年〜一九九六年）も、独学で音楽を学び映画やテレビなどで幅広く音楽活動を展開、そして日本を代表する現代音楽家となりました。ギタリストとして多くのミュージシャンに影響を与えたジミ・ヘンドリックス（一九四二年〜一九七〇年）は、レコードを聴きながら独学でギターの練習を積んだといわれています。

経済上の理由から大学に通えなかった安藤忠雄さん（一九四一年〜）は、京都大学に通う友人から、建築学科で使われている教科書を教えてもらって毎日十五時間以上独学したそうです。建築科の学生が四年かけて学ぶ内容を一年で習得して建築士試験に一発合格しました。その後、多くの賞を受賞し、日本でもっとも有名な建築家の一人になっています。

彼らの学び続ける原動力となったのは、「知りたい」「好き」という好奇心とそれを追究していく探究心です。そして、彼らが私たちに示したのは、学校に行く、行かないは関係なく、必要な情報を得てそれに従って学べば、成果をあげることができるという事実です。

彼らの功績を単に「才能があったから」と片付けてしまうのは、もったいないと思います。**彼らにあったのは、「才能」というよりも、「探究心」です。それはどんな子どもも持っているものであり、大人になってからも、伸ばせるものなのです。**

例えば、今や医師でさえ、将来的には現状のような形では職がなくなるのではないかと危ぶまれています。ＡＩによる自動診断が可能になれば、診察分野にデータサイエンスの知識が必要になり、伝統的な医学の知識だけでは間に合わないでしょう。

今や学校で学んだからその知識で一生仕事ができるという時代ではなくなってきているのです。学校を卒業しても、最先端のことを探究し続けるために、独学が必須となります。型にはまらない独学だからこそ独創的な発想が生み出せます。

もうひとつ、僕が尊敬してやまない梅原猛先生のエピソードをご紹介します。梅原先生は、惜しくも二〇一九年一月に亡くなられましたが、さまざまな分野で多くの功績を残された大哲学者です。その独自の思想が多くの人を惹きつけました。

梅原先生のエピソードで忘れられないのが、大学院生のときに結婚され、そのときは自分では稼げないので、しばらく奥様に「食わせて」もらっていたときのこと。

梅原先生は、当時、自分でやる「野球ゲーム」に熱中されていたのだそうです。サイコロだか、鉛筆だかを転がして、その結果でヒットやホームラン、三振などを決める。チームをつくり、リーグ戦を組んで、それで試合をやって年間一三〇試合ほどの熱い戦いをシミュレーションしていたというのです。

そして、その試合の結果の記録を、大学ノートいっぱいに何冊も書いていたそうです。

あるとき、奥様にそれが見つかって「あなたは、私に食べさせてもらって大学院生をやっているのに、こんなことをやってらしてどういうこと」と呆れられ、問い詰められたのだといいます。

僕は、この話を、本当に素敵なこととして聞きました。

空想の世界、自分のつくった世界にそれだけ没入し、熱中できることが梅原先生の本当にすぐれた性質だった、と感じるからです。

後に、梅原先生は歴史学や思想の世界で大きな仕事を成し遂げられて大学者になられましたが、大学院生時代のこのエピソードは、非常に大切なことと思います。

つまり、**世間から見れば価値がない、意味がないことのように思えても、自分で工夫し、想像し、価値基準を決めてそれに没入・熱中できる人は、それだけで何かを成し遂げる素質がある**ということ。

もし、お子さんが、同じように自分でつくった何かの世界に熱中していたら、それを意味がないことと否定したり決めつけたりしないで、その没頭こそが意味があることなのだと温かく見守っていただきたいと思います。それこそが、本当の思考力を育《はぐく》む基礎となるからです。

ハーバードなどのアイビーリーグの入試担当者は、自分でルールを決めてスポーツでもゲームでもひとりでやって、長年にわたってその向上を図っていくような人は、ぜひ入学させたいと思うそうです。

梅原先生が、この話を僕に教えてくださったときの、いたずらっ子のような笑顔が忘れられません。
探究心にもとづく独学こそが、未知の世界を開拓する方法なのではないかと思います。

第2章

how to be inquisitive

超進学校ほど、探究を実践している

超進学校ほど、受験テクニックは教えない

三十数年連続で東京大学合格者数トップの開成中学校・高等学校、関西にある中学・高校でありながら、学生の半数が東京大学に合格している灘中学校・高等学校など、誰もが知っているいわゆる名門進学校ほど、「受験テクニック」は教えないという教育方針を貫いています。

僕が通っていた東京学芸大学附属高校も、毎年東京大学をはじめとする難関国公立・私立大学の合格者を多数輩出する進学校ですが、授業で受験テクニックを教わったことはありません。

では、どんな授業をするのか。

灘では中《なか》勘助著『銀の匙《さじ》』を三年間かけて読み上げる国語の授業や、折り紙を利用して古代ギリシャの作図不可能問題を解く数学の授業など、とてもユニークな授業を行なっています。開成では、生徒自身がイベント会社も顔負けの仕切り力で運動会や修学旅行を企画・運営。筑波大学附属駒場中学校・高等学校（筑駒）では、都心にある学校が管理・運営する水

田で、水田稲作実習が行なわれているそうです。

名門進学校で実施されているこれらの授業や課外活動は、一見すると大学受験とはまったく関係がなさそうです。しかし生徒たちはみな、こうした時間を通じて、受験勉強よりも大切な「探究」の力を養っているように思います。そして、各名門校は校則もほとんどなく、生徒の自主性に任された非常に自由な校風が特徴です。自由であるからこそ、探究できるのでしょう。

受験テクニックだけで、地頭のできていないバランスを欠いた勉強ばかりしていると、たとえ希望の大学に入れたとしても、入学後は伸び悩んでしまいます。「大学までの人」と「大学からの人」と昔からよくいいますが、「大学までの人」にならないための一番の方法は、じつは探究学習にあります。探究学習を通じて、地頭力を鍛えることが絶対に必要なのです。「大学からの人」になれば、大学に行かなくても大丈夫、とさえいえます。

探究学習が基礎となり、受験に受かる学力がつく

僕は「探究学習により、自分の頭で考える力や問題を探究する力である『地頭力の基礎』ができ、伸びしろができる。そのうえで受験勉強をすると、受験的な学力が伸びるスピードが加速される」という仮説を持っています。探究学習をしてから受験勉強というと、一見遠回りをしているようですが、**探究学習によって学習を効率化する脳の回路が働き、結果的には短期間で受験科目を伸ばすことができる**のです。つまり、探究学習は、来るべきＡＩ時代に備えるために必要な勉強法であるだけでなく、いわゆる旧来のエリート校といわれる大学の入試を突破するためにも、有効な勉強法である、ということです。

以前、大学進学実績をあげるためにつくられた中高一貫校を訪れたことがあります。その学校では、中学校から大学受験のために予備校のような授業を行なっていました。生徒たちの顔は青白く、どこか疲れている印象を受けました。実際に彼らと話してみると、多くの生徒が「この学校はつまらない」とこぼしていました。難関大学への進学実績はどうかというと、生徒たちが必死で受験勉強しているのにもかかわらず、伸びていないのです。

つまり、予備校のような受験一直線の学校では進学実績は伸びず、開成や灘、筑駒のように探究をして地頭を鍛えている学校の方が、結果として進学実績が伸びるという、知る人ぞ知る経験則があるのがわかります。

堀川高校

「探究科」の設立で国公立大合格者が一八倍になった「堀川の奇跡」

京都市にある公立の堀川高校を、京大合格者を多数輩出する「名門校」へと変貌させたのは、当時校長先生だった荒瀬克己さんです。荒瀬さんが堀川高校に赴任した当初は、国公立大学に進学する生徒もあまりいない、学力的には特色のない学校でした。そこで荒瀬さんは、有名私立に押され気味だった公立高校を立て直そうと、一九九九年四月に、「探究科（人間探究科・自然探究科）」を設置します。

生徒たちは、一年前期から始めた探究授業にそって探究を行ない、二年前期の半年間をかけて論文を完成させます。環境科学とか建築とか、テーマはいろいろです。ひとり一テーマを掘り下げて大学の卒業論文レベルのものを書きます。その過程で、学外の専門家の話を聞いたり、自分で調べたり、実験を重ねます。

その結果、**生徒たちの学力が飛躍的に伸び、毎年国公立大学に一〇〇人以上も合格者を出す学校になりました。これは「堀川の奇跡」といわれ、その奇跡を起こしたのが探究科の創設だった**のです。

「堀川の奇跡」では、国公立大学に合格する生徒さんが飛躍的に増えたことに耳目《じもく》が集まりましたが、現校長の谷内秀一先生は、堀川高校の目指すところは必ずしも大学進学実績だけではないといいます。

堀川高校では中学生を集めた学校説明会のときに、「大学受験に向けての学習も徹底的に行ないますが、同時に探究学習も徹底的に行ないます」というそうです。つまり、大学受験に受かるだけの能力が欲しいのならば、そういう学校を選んだ方がいい。堀川高校に進学するならば、大学受験だけでなく、探究学習をするなかで自分なりの課題設定、課題解決ができる力を身につけたいと思う子に入ってほしいということです。

僕が話を聞いた生徒のひとりは、建築をテーマに研究していて、将来は京都大学の建築科に進みたいといっていました。生物を研究している別の生徒は、将来はiPS細胞の研究をしたいそうです。

このように「知る」喜びを実感できた生徒はひとりでに学び出し、自分が何をやりたいのかが、明確になってきます。すると、もっと専門的に学びたいと思い、大学へも「なんとなく行きたい」ではなく、「こういう勉強をしたいから行きたい」という、強いモチベーションが生まれます。その結果、受験勉強にも力を入れるようになります。

堀川高校の探究学習は大学並み

堀川高校での探究学習は、具体的にはどのように行なわれているのでしょうか。僕は二〇一八年の秋に京都へ赴《おもむ》き、校長の谷内先生に伺いました。

堀川高校での探究学習の中心は、「探究基礎」と呼ばれています。探究基礎では、答えが用意されていない「問い」に対して、正しいと思われる「答え」を導き出すことを目的としています。

そのための手法として、知りたいことを具体化し、情報を集め、そこから得られた「答え」が正しいか検証します。

まず、一年生で探究の基礎を学び、二年生に入ると、本格的な論文を作成します。具体的には、自分が設定した課題に対して、ゼミ内で仲間や教員、TA（大学院生のティーチングアシスタント）と議論や対話を重ねながら調査・実験を進めます。結果をまとめた後は、発表会を行ない、そこでの意見から論文を推敲《すいこう》。つまり、これらの探究活動は、大学で行なう専門的な研究のスタイルと、ほぼ変わらないといっていいでしょう。考えてみれば、大学のやり方にすぐれた点があれば、大学に行くまで待つ必要もないのです。

探究基礎は授業としては週二時間ですが、理系の生徒は実験や分析、観察などをするので、放課後や休日、夏休みなどの長期休暇中も担当教員にお願いして施設を開けてもらって研究することもあるそうです。

家庭で堀川スピリットを実践する方法

さらに、各家庭でも応用できる堀川流探究学習について、担当の飯澤功先生に聞きました。

「探究学習には、こうすればできるという黄金律はありません」と飯澤先生はいいます。ただし経験則として、**まずは生徒のやりたいことに興味を持って「なぜ、この研究をしたいの?」と問いかけることが重要だ**とのこと。次に、研究がある程度進んできたら、「次は何をすればいいんだっけ?」と再び生徒に問いかけます。

「生徒の大半は自分の頭で考えることをせず、何かと我々教師に聞いてきます。『これに興味があるのですが、課題としては的確なものですか?』とか『ここまで実験してみたんですが、次は何をすればいいですか?』とか。おそらく、これまで何でも親や先生に聞きながらやるという育てられ方をしてきたからだと思います。

そこで教師がすぐに答えを与えてしまうと、生徒たちは、ますます自分で考えなくなってしまいます。ですから問いかけることによって、生徒に自覚を与え、『一緒に考えよう』というスタンスをとっています。

『次は何をすればいいんだっけ？　何をしたんだっけ？』と問いかけると、『ああ、今しなければいけないのは、これです』という答えが返ってきます。生徒は、本当は次に自分が何をしなければいけないのか、わかっているものです。それを問いかけることによって、生徒の自主性を引き出して目的を自覚させるようにしています。すると、生徒はいつしか自分で勝手に探究を進められるようになります」

家庭の場合は、「自分で自分に『次は何をすればいいんだっけ？』と問いかけてみて」と生徒に指導しているそうです。質問することによって、考えるポイントが引き出されていくからです。また、親が教師役となって問いかけるのもいいということでした。

ただしそのときに重要なのは、「すんなり成功体験を与えない」こと。例えば、子どもが何かの調査をしていて、「この施設の設備を使えばすぐに答えがわかる」と親が知っている場合。親が調査への障害をのけさせたいがために、子どもに答えを教える、というパターンは良くないそうです。**「子どもが自分で答えにたどり着くまで待ってあげる」ことで、自分で考える力が身につきます。**

このことは、堀川高校の入学式のときに、先生が宣言されることのひとつだそうです。「堀川高校は、生徒の目の前に障害があっても、どけません。その障害をなんとか自分の力で解決して乗り越えていくような力をつける教育を行ないます。ですから、どうぞご家庭でも障害をのけないでください」と。

このような宣言をするのは、教育熱心な家庭であればあるほど、過干渉になってしまう親御さんが少なからずいるからです。

生徒への問いかけで探究課題を見つける

堀川高校の十九期生（二〇一八年九月発表会）が実際に行なった探究学習のテーマと概要が載っている予稿集を見せてもらいました。その中からいくつか紹介したいと思います。

「SS433の宇宙ジェットの速度安定要因」

宇宙ジェットとは、重力が大きい天体から放出されるプラズマガスである。理論上は加速し続けるが、SS433と呼ばれる天体から放出される宇宙ジェットの速度は一定である。本研究では、SS433の宇宙ジェットが加速しない原因を、構成物質による加速への抵抗力の存在のためと考え、分光観測を行い、抵抗力となる物質を考察した。

「原子力発電の代替に地熱発電を用いるのは有効か」

二〇一一年に福島県で原子力発電所の事故が起こり、日本で脱原発の意識が高まっている。しかし、日本ではまだ脱原発に踏み出せていない。そこで本研究では、原子力発電の使用を中止し、代替に地熱発電を用いることは有効かどうかを検討する。その際に環境・景観・観光地への影響、発電にかかるコスト、安全性及び、他国の現状などから考察する。

ほか、例としてもう少しタイトルだけ見てみましょう。

「電車の車両ごとの混雑率を均一化する工夫」

「増加する若者の孤独死を防止するためには―SNSが命を救う!?―」

「エニグマ暗号の現状における実用性―RSA暗号との比較より―」

「ジオエンジニアリングによる地球温暖化の抑制」

「洗濯物の生乾き臭を身近なもので解決する方法」

「日本と韓国の英語力の伸び率の違いとその要因」


どうでしょうか？　高校生とは思えない高度なものから、とてもユニークな着眼点のものまで非常に個性豊かです。

それではこのように個性あふれる探究テーマを、堀川の生徒たちはどのようにして見つけているのでしょうか。そして、学校の授業に探究学習がない人は、どのようにして探究テーマを見つければいいのでしょうか。

飯澤先生によると、堀川高校に入ってくる生徒のほとんどが「このテーマで研究したい！」と最初から研究テーマを持っているわけではないといいます。むしろ、ほとんどの生徒が探究学習の経験もなく、自主的に生徒だけで行事を取り仕切った経験も、みんなの前で発表した経験もない。そのため、「自分で課題を見つけて研究して」といわれても、戸惑う生徒がほとんどだそうです。

したがって、堀川では指導教員が生徒と面談しながら課題を見つけていく方法をとります。そのときに大事にしているのが、本人が興味を持っていることを自ら発見してもらえるように面談を通して導いていくこと。小さい頃からのこだわりや気になっていることを研究課題にする方法もあります。

家庭でも使える、堀川高校教師の「合コンメソッド」

結局は本人が興味のあることから見つけるのが一番です。ですが、それでもテーマが見つからないという生徒もいると聞きます。

そういうときは、生徒に自分が疑問に思っていることや興味のあることを一〇〇個くらい挙げてもらうということをやっているそうです。そしてたくさんの疑問や興味の中から、本当にやりたいことを探り出すのだとか。

ただ、一〇〇個の中でとなると、なかなか大変です。飯澤先生をはじめとする指導教員は、生徒が研究テーマを見つけるための面談を「合コンメソッド」と呼んでいます。

「合コンメソッド」では、「休みの日は何をしているの？」「好きな本は何？」「趣味は何？」**とまるで合コンのように、生徒の話を聞き出しながら、興味のありかを探していきます。**子どもの口から言語化されると、子ども自身が自分の興味に気づいてくれます。

ただそのときに注意したいのは、子どもの考えを潰すようなことをいってはいけない、ということです。あくまで子どもの興味を発見し、伸ばしてあげるよう努めることが重要です。

探究心を育てるというゴールに対して、探究学習だけがその方法ではない、と飯澤先生はいいます。もちろん、探究学習で探究心が育つ生徒もいますが、通常の授業で面白い話を聞いてスイッチが入る生徒もいます。あるいは、読んだ本に影響されることもあれば、友だちからの影響もある。文化祭で演劇をやってそれに目覚める生徒もいる。

つまり探究心のチャンネルは山ほどあって、生徒がそのどれにひっかかるのかは、教師も親も予想ができない。**教師や親にできるのは、できるだけたくさんのチャンネルを子どもたちの前に用意すること**です。

開成高校

開成にガリ勉はいない

東京都の西日暮里に学舎を構える中高一貫の私立男子校、開成中学校・高等学校（開成学園）は、東大合格者数日本一を誇る名門中の名門です。

開成学園では、いわゆる探究学習やアクティブラーニングと銘打った授業はありません。教員一人ひとりが教材と授業形式を自由に選び、工夫するので、結果的に探究学習やアクティブラーニングを行なっている場合もあります。そうなると、生徒たちが自分で考える力や問題を探究できる力を十分に育むことは難しいのでしょうか。

そうではありません。探究心を育むのは探究学習という授業だけではないからです。

校長の柳沢幸雄先生を訪ね、開成学園とはどんな学校なのかをお聞きしました。柳沢先生は「開成という学校は、学校がこうしましょう、といって動く学校ではないんです。生徒が主導になって動き、学校はそれをサポートするというのが基本的な姿勢です」とおっしゃっていました。

開成学園では、通常の授業や、運動会、学年旅行、文化祭などの行事を通して生徒の興味や好奇心を刺激していきます。このことを柳沢先生は「餌まき」とおっしゃいました。

例えば、漢文の授業をする、学校行事を開催する、というのは学校側が生徒たちに向かって餌をまく行為です。学校側は、生徒たちがどんな餌に食いついてくるかわかりませんから、いろいろな種類の餌を用意して食いついてくるのを待ちます。

ある生徒が漢文の授業を受けていて、その面白さに興味を惹《ひ》かれたとします。すると、その生徒は授業以外にも、漢文の本を読んだり、資料を調べたりして、興味を追究し始める。

ここまでが学校側がまいた餌に生徒が食いつくということです。つまり生徒の興味や好奇心を刺激したことになります。

さらに、生徒がもっと深く漢文の世界を極めたいと思ったとしましょう。しかし、その方法がわからない。そこで登場するのが部活や同好会です。開成には二三の運動部（一つは休部中）と、二九の学芸部、一六の同好会があるそうです。全部を合わせると七〇近くになり、生徒のほぼ全員がなんらかの部活や同好会に所属しているとのこと。

珍しいところだと、ゲートボール部、山岳部、クイズ研究部、折り紙研究部、社会科研究部、物理部、数学研究部、海馬研究会、エコカー同好会、開成航空宇宙同好会と、とにかくあらゆる分野の部活や同好会があります。生徒の興味や好奇心を満たしてくれ、かつ深く探究できる分野が網羅されているといってもいいでしょう。

二〇一七年に「数学オリンピック」で世界一になった開成の生徒は、数学研究部に所属していたそうです。僕が以前出演していた日本テレビ系の『高校生クイズ』という全国の高校生が集結するクイズ番組では、開成高校のクイズ研究部は常に出場常連校であり、優勝候補でもありました。このように、生徒たちは自分の興味にしたがって部活動をやり、楽しみながら探究しているというわけなのです。

部活や同好会の他にも、生徒会、図書委員会、保健委員会、運動会や文化祭などの学校行事の委員会などもあり、かけもちして入っていくつもの活動を行なっている生徒たちも大勢いるそうです。さらに、運動会や修学旅行といった大きな行事も、生徒自身の企画や運営に任されています。

運動会では、毎年新しいルールや問題点などを自分の頭で考えて、話し合い、最高の運動会を実行するために行動するというのが伝統となっています。

そのため実行委員は、ルールの作成と審議、問題点の改善策などを議論して、高めていくために丸々一年かけて活動しています。

学年旅行では、中学二年から旅行委員が中心となって旅行の行き先やプログラムを決め、旅行のガイドブックまで作り上げます。実際に生徒たちが作ったというガイドブックを見せてもらいましたが、中にはプロ顔負けのデザイン、内容のものもあり、感心しました。

そして、旅行から帰ると旅先での体験でそれぞれの生徒が持った興味や関心について調べて書くという探究を通して「旅行文集」という形にまとめていきます。

これらは、まさにひとつの探究の形と言えるでしょう。

受験に特化していないのに東大合格者数日本一の理由

校長の柳沢先生が、中学一年生と保護者にいつも話していることがあるといいます。それは、「転ばぬ先に杖をつかせてしまうと成長しない」ということ。

勉強で後《おく》れを取らないように、つまずかないように、と考えて親や塾が手とり足とりで指導するよりも、一回つまずいて転ばせて、それから、どうやって起き上がったらいいかを自分で考える経験をするのが生徒の成長に繋がるという考えです。

柳沢先生の発言は、勉強でも進路でも、すべて生徒自身が考え、行動し、その結果は自分で責任を取る方が、結果的にはうまくいくと知っているからではないでしょうか。

とはいえ、「本当に子どもの自主性だけに任せて大丈夫なの?」と心配する方もいらっしゃることでしょう。ですが、よく考えてみてください。開成は、生徒の自主性を重んじた自由な学校であるにもかかわらず、東大合格者数は全国一位なのです。柳沢先生のお話によれば、開成が受験にもっと本腰を入れたら二〇〇人も三〇〇人も合格してしまうのではないかということでした。それだけ「余力」があるのです。

なぜなのでしょうか？

それは自主的に「東大に行きたい」と望む生徒が非常に多いからです。誰かに「東大に行け！」と強制されるよりも、自分の意志で「東大に行きたい！」と思う方が脳はがぜんやる気になり、学習効率も良くなります。

それではなぜ、開成生は東大に行きたいと思うのか。多くの生徒の動機は、自分の憧れの先輩が気づいたら東大に行っていて、先輩の話を聞くと楽しそうな大学だと思うから自分も行きたくなるのだそうです。要するに先輩は、生徒たちにとって一番身近なロールモデルなのです。

後輩の憧れをさらに強めさせるのが「ようこそ先輩」という催し。学校主催の催しとしては、高校一年生を対象にしたものを毎年一回行なうだけですが、開成は学年による独立性が非常に強いため、学年ごとに毎年開催しているところもあるとか。

「ようこそ先輩」とは、その名の通り開成のOBを母校に招いて、今の自分の学生生活や社会人生活のことを後輩に向けて話してもらう催しです。例えば、JAXA（宇宙航空研究開発機構）の職員がOBとしてやってきたときは、ロケットの打ち上げの話をすると同時に、「いや、俺が中二のときはね」と開成の生徒だったときの話もしてくれたとか。

すると生徒たちは、先輩に憧れると同時に「あんなすごいことをやっている先輩も、中二のときは今の僕らと変わらないなあ」と思い、「それなら、僕もいつか先輩みたいになれるかもしれない」とピンときてしまう。そのあとはもう、放っておいても将来に向けて努力をする子になります。

「ようこそ先輩」のように**「憧れを具体的な形で見えるようにする」のは、子どもの興味や好奇心、探究心を育むための「餌まき」のひとつ**なのだそうです。

家庭でできる、開成式「地頭力の育て方」

開成生のような「自主性」や「自分の頭で考える力」や「探究心」といった地頭の良さを

家庭で育むには、どのような方法が有効でしょうか。柳沢先生に伺いました。

「中学生くらいまでのお子さんには、『会話力』が大事だと考えています。自分の考えをまとめたり整理したりするためにも、言葉にして話すことが大事です。黙っていては、考えはまとまりません。人に話すと、自然に頭の中が整理されていきます。

親ができることは、子どもの話をよく聞いてあげることです。親が子どもの話を聞いてあげることには、二つのメリットがあります。ひとつは、話を聞いてもらうことで『自分は親に受け入れられている』という安心感を得ることができる。もうひとつは、しゃべる機会を増やすことが論理的に話す訓練になるということ。

私は親子の会話量は『親一：子ども二』だと思っています。なぜかというと、親の方が圧倒的に経験や語彙《ごい》力が豊富なので、放っておくと親ばかりが『どうなの？　どうなの？』と子どもに詰め寄って、子どもが話す機会を逸してしまうからです。

それでは子どもの二を引き出す大人の一とは、どういうしゃべり方をすればいいでしょうか。答えは、質問役、相談役に徹すること。子どもが機嫌よくしゃべり出せるように、やさしくかつさりげなく質問をしてください。

例えば『運動会では、どの競技に出るんだっけ？　この間、先生に聞いたんだけど忘れちゃって』などと質問すれば、子どもは返事を返してくれます。子どもの返事に対しては、『へえ、なるほどね』など、子どもの答えに興味を持って聞きましょう」

さらに、柳沢先生いわく「上手な聞き方」も大事だとのことです。

「子どもの話を引き出すためには、『それは、どのくらい練習するの？』など、子どもが答えやすい質問をします。意見を差しはさむときは、『それは、楽しそうだね』と肯定しましょう。このときに、5W1H（誰が〈Who〉、いつ〈When〉、どこで〈Where〉、何を〈What〉、なぜ〈Why〉、どのように〈How〉）を意識して、『今日は何をして遊んだの？』『誰と？』『どこで？』と一言ずつ聞いていくと、子どもは何を話せばよいかわかるので、どんどんしゃべり出してくれます。5W1Hで会話を重ねていくことで、子どもは自然と論理的に話すことができるようになり、自分の頭で考えるようになります」

親が子どもの探究心を伸ばす方法として、会話も大きな要素だということがわかります。

YES International School

日本で唯一のトライリンガルスクール

二〇一六年四月、横浜に開校したYES International School（以下、YES）は、文部科学省で定める小学校の学習指導要領をベースとしながら、日本語、英語、プログラミング言語を三本柱と位置づけ、独自のカリキュラムを組むトライリンガル教育のフリースクールです。創設者で校長の竹内薫は、大学時代からの僕の親友で、科学者であり、サイエンス作家でもあります。

竹内には小学校二年生（二〇一九年現在）の娘さんがいるのですが、「娘を行かせたい学校がない」という理由から、「ならば自分で学校をつくろう！」と、自ら校長となりこのスクールをつくってしまったのです。

「娘を行かせたい学校がない」というのは、日本の学校は、受験をしていい学校に行って、いい会社に入ることを前提にした教育で、変動の激しい今の時代にはそぐわないから。

それならば、普通のインターナショナルスクールに入れればいいではないかというと、これも違う。インターナショナルスクールに通えば、ネイティブのように英語がしゃべれるようになるかもしれませんが、日本人として日本語で深く考えるという教育をしないため、思考力が身につきづらいケースも散見されるそうです。

とはいえ、学校をつくったのは、もちろん娘さんのためだけではありません。

今の日本の教育に危機感を抱いたからです。今の小学生が大人になる頃には、人間の仕事の半分はＡＩとロボットに取って代わられます。そんな未来の世の中で、自分がやりたい仕事をできる人になるために、どんな教育を受け、どのような技術を身につけることが必要なのか——そう考えたとき、従来の学校、特に小学校にはその答えが見つからなかった。そのために開校したのだといいます。

進度に合わせてグループごとに学習

僕はすでに何度かＹＥＳを訪れていますが、今回本書を執筆するにあたり、改めて横浜校を訪問しました。

ＹＥＳの授業のやり方は、日本の学校のように、先生が黒板の前でしゃべる講義形式の一斉授業ではありません。

例えば算数の授業では年齢に関係なく、勉強の進度によってグループに分け、グループごとに違うことを勉強させています。またグループの中でも、先に問題が解けてしまった子は、まだ問題が解けていない子に教えることもやっている。人に教えることで、教えた子自身が伸びるという利点があります。

一斉授業は、授業についていけていない子や先に進んでしまっている子にとっては、退屈なものです。そういう子どもたちを無視して、みんな一律に教えるというのは、ナンセンスだと思います。

また、ＹＥＳでは、ほとんどの授業で教科書を使いません。それぞれの先生が、児童の進度を見極めながら、独自の教材を作成しています。教科書という既存のマニュアルに頼らないで、柔軟かつ創造性のある授業を行なうことで、子どもたちにも広い視野を身につけてほしいからだそうです。

豊富なデジタル教材もＹＥＳの特徴です。生徒には、ひとりにひとつずつタブレットが与えられ、主にプログラミングの授業で使います。遠方に住んでいて、横浜のスクールに通うことができない子のために、スマートプロジェクターを使って授業に参加してもらうことも行なっています。

僕がＹＥＳを訪れたときは、ちょうど盛岡に住む九歳の女の子が、自宅でスマートプロジェクターを通して授業に参加していました。彼女には横浜の授業の様子も見えるし、こちらからも彼女の様子が見えます。音声が繋がっているので会話もできます。お互いに画面も音声も共有できるから、距離が離れていても授業ができてしまうわけです。

世界中で探究学習が始まっている

現在の日本の教育は、明治時代にプロシア（現ドイツ）から輸入されてきたものだと竹内は説明します。

十九世紀当時のプロシアは、ナポレオン戦争に敗戦した原因を、上からの命令を忠実に実行できる兵隊がいなかったからだと結論づけました。そこで軍隊式の教育を始めると軍隊が強くなり、やがてプロシアは統一。富国強兵の時代においては、命令を忠実に実行できる能力を鍛える教育が有効でした。

日本でも、明治以降の百五十年間―第一次から第三次産業革命時代―は、大量生産に必要な、命令を忠実に実行できる人々が大勢必要になりました。

ところが、二〇四五年には人工知能が人類の知能を超える（シンギュラリティ）、などという説もあり、指示通りに行なうだけの仕事においては、人間は必要なくなります。というのも、今後人工知能が企業において次々に導入されれば、人間を雇うよりもコストが安くなる可能性があるからです。そうなれば、コスト削減できない企業は潰れますから、経営者は人工知能を導入するでしょう。

第四次産業革命（さまざまなモノがインターネットに繋がり、それをＡＩが制御する時代）が本格的にやってくる頃には、人間が行なうのは人間にしかできないクリエイティブな仕事となるでしょう。

二〇〇〇年代生まれの子どもたちは、生涯で約一五以上の仕事に携《たずさ》わり、六五%の子どもは現在存在しない仕事につくようになるだろうといわれています。この第四次産業革命は、これまでの社会や価値観をがらりと変えてしまうでしょう。

その変化に合わせて、教育も変えていかなければなりません。

二〇一六年一月の世界経済フォーラムの年次レポートによると、二〇二〇年には次のようなスキルが必要だといわれています。

一、複雑な問題解決力
二、クリティカルシンキング（多角的に考え、適切に分析する思考法）
三、創造力
四、マネジメント力
五、人間関係調整力

これが絶対的な基準とまではいえませんが、世界の「ベスト&ブライテスト」の考えたひとつの基準だとは言えるでしょう。

それでは、このようなスキルを身につけるためには、どのように教育を変えるのかというと、**暗記型の学力評価システムからプロジェクト形式の探究学習へと進化させることが必要です。その動きは今、世界中で始まっています。**

哲学者のサルトルは、「人間とは、自己を未来に向かって投企《とうき》する生き物だ」といっています。投企とはフランス語ではプロジェ。英語だとプロジェクト（計画・企画）という意味です。要は、自分自身を未来に向かってどう計画（プロジェクト）していくのか、ということをやるのが人間の本質なのです。

実際に大人がやっている仕事のほとんどは、プロジェクト制です。例えば、本をつくるのもプロジェクト。著者、編集者、校閲者、ブックデザイナー、印刷をする人など、プロジェクトにかかわるみんなで一緒になって仕事をして、本をつくっていきます。完成したら、出版社の営業が売り込みをしたり、ＰＲ会社がＰＲしたりして、売っていきます。その本が、多くの人に受け入れられたら、プロジェクトは成功です。

最先端の探究学習——アメリカ・ハイテックハイの事例

いったん話は逸れますが、実際に、探究学習の取り組みを先進的に実践している海外の学校を紹介しましょう。

カリフォルニア州サンディエゴに公立チャータースクールのハイテックハイという学校があります。チャータースクールとは新しいタイプの公立学校で、特定の目的を持って設立される学校のことです。

ハイテックハイは二〇〇〇年に高校から設立されましたが、現在では幼稚園から高校までの一三校と、教育大学院を持っています。公立校なので授業料は無料で、進学を希望する生徒は、住民の地域属性を反映した形で抽選となり、一度入学すると、その後は高校まで内部進学できます。

ハイテックハイでは完全なプロジェクト制を採用しているため、算数や社会などの科目を教える授業はなく、学年の分類もあいまいで、生徒中心のプロジェクト学習が取り入れられています。

ハイテックハイの高校の授業を例にとると、物理学の先生と人文学の先生が同時にクラスを受け持って、一年間かけて文明の興亡についてのプロジェクトを遂行していくというプロジェクト・ベースの学習を行なっています。まずはどうして文明は滅びるのかを生徒に議論させ、情報を集め、理論をつくらせる。それを文明の流れを表現する機械仕掛けの大きなからくり時計にして、プロジェクトを完成させます。

生徒たちは、プロジェクトの過程で歴史と社会学を学び、からくり時計の歯車を回らせるなどの作成過程で物理学を学びます。ひとつのプロジェクトを完成させることで、科目の垣根を越えて総合的に学ぶことができるわけです。

年度末には保護者だけでなく、近隣の住民も聞きに来る発表会を行ないます。そのときに、どれだけの拍手を聴衆からもらうかで評価が決まります。つまりプロジェクト学習の評価はテストでは決まらないということです。

学んだことをテストして理解度を確認する学習方法では、試験範囲内での完璧を目指すことになり、一〇〇点より先がありません。ハイテックハイでは学んだことを応用して、今までになかったオリジナルな作品や、斬新なアイディアを形にしていく作業に取り組んでいます。そこでは、個性的で創造的な活動が最優先事項とされます。

大学受験のために誰かが正解を持っている問題をひたすら解く高校生活と、自分なりの正解を求めて探究する高校生活とでは、充実度も違えば、来るべき未来に必要なスキルを身につけるという点においても、大きく変わってくるのではないでしょうか。

英語を話す人の八〇%は第二言語として話している

「日本のこれまでの教育は、正解があってその通りにやるのが主流でした。しかし、繰り返しますが、AIが導入される未来においては、指示待ち人間は必要ありません。自分で仕事を見つけて、クリエイティブかつ論理的（きちんと筋道を立てて考えること）になることが求められています。そこでは、自分で考えられる力や探究できる力が必要です。そして、それらの力は理論によって支えられています。理論を支えるのが、**日本語力、英語力、プログラ**

ミングカの三本柱なのです」と竹内はいいます。

その三本柱は、探究学習の基礎になるものではないかと僕は考えています。

まずは、ＹＥＳの三本柱のひとつ目「日本語力」について。ＹＥＳでは、もちろん英語も教えていますが、考えるときに使う言語は日本語です。母国語で考える方がより深く考えられますし、母国語を筋道立てて使えるようにならないと、物事を論理的に考えることはできません。

だから、ＹＥＳでは、英語だけでなく日本語の授業にも力を入れています。

子どもたちが将来社会に出たときに、筋道立てて話ができたり、自分の考えを人にわかりやすく伝えたりできる日本語力を育てるためには、漠然と教科書通りに学習しても身につきません。日本語の文法構造を知ることで、物事の因果関係や相関関係を説明できるようになるのです。

そのためにＹＥＳでは、たくさんの文章を読むことを推奨しています。本をたくさん読むと自然と文法構造が頭に入ってきます。本をたくさん読む子にするためには、本に興味を持ってもらうことが大切です。その方法として、登場人物に子どもたちの名前をもじった名前をつけて書いたオリジナルの小説をテキストにして、読み解きをするということもやっています。

そこを入口にして、自分の好きなジャンルを見つけ、読書の幅と量を増やすことで日本語を使いこなせるようにしていく、というのがYESのやり方です。

次に、三本柱のふたつ目「英語力」について。YESで英語を学習している理由は、ただひとつ。英語が世界の共通言語だからです。世界中で一七・五億人が英語を話し、約八〇％の人は第二言語として英語を話していますから、ネイティブのように話せることは目的としていません。

それよりも、**今や、インターネット上の情報の大半は、英語**です。英語で情報が取れないと、さまざまな分野において情報格差が生まれます。学術論文も英語が基本なので、英語で論文が読めない、書けないとなると、自分のやっている研究を認めてもらえません。

ビジネスにおいても、海外との関わりがまったくない企業はどんどん少なくなってきています。そうなると、海外とのメールや電話でのやりとりやテレビ会議では英語を使わざるを得ません。近い将来、世界中からインターネットを通して仕事が舞い込む時代になるため、英語はますます必須になってきます。

なぜ、プログラミング力が必要なのか？

最後に三本柱の三つ目「プログラミング力」について。プログラミングとは、嚙み砕いていうと、「コンピューターにやってほしい仕事を順番に書き出した指示書」のようなものです。コンピューターは人間と同じ言葉を理解することができないため、専門の用語、すなわちプログラミング言語を用いて指示を与えます。

スマートフォンのアプリや、あらゆる機種のゲーム、新幹線を時刻表通りに走らせること、金融機関の送金作業など、私たちの生活を豊かにしているほとんどのものが、プログラミングによって運用されているのです。

それでは、プログラミングは実際にどのように学べばいいのでしょうか。YESでは小学校一年生からプログラミングの授業があり、ひとりに一台ずつタブレットが与えられ、プログラミングを学ぶアプリケーションソフトは主に「スクラッチ（Scratch）」を使っています。

スクラッチはマサチューセッツ工科大学のメディアラボのグループが作った、小学生でも簡単にプログラミングができるソフトです。ウェブで自由に使うことができ、オリジナルのゲームやアニメーションを作ることもできます。作った作品は、他の人に公開でき、他の人が作ったゲームを見たり、遊んだりすることもできます。ですから、スクラッチなどのソフトを使えば、家庭でもプログラミングを学ぶことができるわけです。

そもそも、なぜプログラミングを学ぶ必要があるのでしょうか。それは、将来プロのＳＥを目指す人でなくても、これからはプログラミングの知識が必要になってくるからです。現在でもプログラミングは私たちの生活に活かされていますが、近い将来、ますます増えてきます。そのときに、コンピューターについての知識（プログラミングとはどういうものか？など）やそれを利用する能力がないと仕事に支障が出てくるでしょう。

野菜のことをよく知っていた方がおいしい料理ができるように、プログラミングの知識があるからこそ、地に足のついた実現可能なアイディアを生むことができます。

また、**論理的思考を鍛える手段としても、プログラミングは注目されています**。プログラムというのは、バグ（論理の穴）があると正しく動きません。コンピューターはあいまいな言語は理解しないので、論理的かつ緻密にプログラムを構築しないと意図したようには動いてくれません。そのため、プログラミングをすると、自然と論理的思考が身につきます。

これからの時代は、プログラミング力がないと、優れた仕事はできないといっても過言ではないでしょう。何よりも、今日の社会において「付加価値」はプログラミングによって生み出されているのです。

大変化の時代を生き抜ける子に育てるために

日本の教育現場を見ていて思うのは、今は過渡期なのだということです。「自由な探究をすることで創造性や自分の頭で考える能力を磨いていってもらいたい」というのが僕の理想ですが、一方で従来の受験システムを無視することもできない現状があります。現時点においては、「いい大学に入っていい会社に入社する」というシステムは完全には崩れていないからです。

いずれ今の受験システムも社会システムも変わるけれど、とりあえず今は、探究学習も受験勉強も両方、成功させなければなりません。そこで、過渡期における最善の策として僕が考えているのが、オールマイティ勉強法。探究学習をすることで地頭のいい子をつくって、その土台をもとにして受験にも受かるという二段階の勉強法です。

堀川高校では、まさにオールマイティ勉強法を実践されているし、開成学園の柳沢先生がおっしゃっていたのも、おそらくはそういうことだと思います。

YESの校長である竹内は、中高生に向かって次のように言っています。「世界は変わっていく。だから暗記だけしていても、人工知能が全部持っていってしまうよ。じゃあ、どうすればいいか。『探究』するんだよ。自分の好きな勉強をどんどんやって自分が持つ尖ったものを武器にしてください。でも来年受験だね。君に関しては、一年間は開き直って今の受験システムをまず突破しよう。でも、公式の丸暗記とかじゃなくて、自分で発見しながら探究型を取り入れてなるべく楽しく勉強しよう。受験が終わったら、切り替えてまた楽しく探究してください」と。

僕が取材した三校は、やり方は違うけれど、みな探究心が大事だということを知っている学校でした。

最後に、オールマイティ勉強法で探究も受験も両方やり遂げた人物として、落合陽一さんを例に挙げたいと思います。先日、落合さんがホストを務める番組に出演させていただいたときのこと。落合さんは開成高校在学中、全然勉強をせず授業中はひたすらギターを弾いていたと、本人から聞きました。それでも、誰からも怒られることはなかったそうです。このことからも、開成は生徒の探究心の火を消さない学校だとわかります。

その後、彼は筑波大学に進学し、東京大学大学院の博士課程を修了。三十代という若さで、筑波大学の学長補佐と准教授に就任しています。一方で、彼はメディアアーティストとして、実業家として、ずっと探究をし続けている人でもあります。彼の生き方に憧れを持つ若者の間では、カリスマ的な存在です。

現在の落合陽一さんの地頭をつくったのは受験勉強ではなく、授業中にギターを弾くような自由な好奇心、探究心がそうさせたのだと思います。要は普通に、受験勉強だけしていても、落合さんのように研究者、アーティスト、実業家として幅広い世界で認められる人材にはなかなかなれない、ということです。

こういう話をすると、落合さんのように突き抜けなくてもいいから、いい大学に入って有名企業に就職して、ある程度のレベルの生活を送ってくれればいい、という親御さんはたくさんいます。しかし今後、今までのような「いい大学に入れれば一生安泰」という社会がいつまで維持できるでしょうか？　おそらく、人工知能の発達により、そう遠くない未来には今の教育も会社の在り方もすっかり様変わりしているでしょう。

そうなったとき、人より突き抜けているものをひとつでも持つことができたら、変化の激しい時代になっても生き抜くことができます。そして、そのために必要なのが探究学習なのです。

第3章

how to be inquisitive

「本当に頭のいい子」の親が家庭でやっていること

子どもの好奇心には、口を出さず「見守る」「応援する」

僕の知り合いのお子さんの話ですが、小学校低学年の男の子で、ある日「パンが好きだから、将来はパン職人になりたい！」と親にいったそうです。

すると彼の母親は猛反対して、「今からパン職人を目指すよりも、受験勉強をがんばっていい学校に入った方が、将来の選択肢が広がるから」と説得して、パン職人への興味を断念させたのだとか。ちなみに、母親は有名私立大学を卒業して、大手出版社で働いています。

僕はこの話を聞いたとき、とても残念に思いました。それは、母親が職業にランクをつけているからです。つまり有名大学に入って有名な企業に勤めることが人生の成功者で、パン職人になることは子どものためにならない、というように決めつけています。

僕は小さい頃、蝶に夢中になっていましたが、それについて親から「蝶に興味を持っても、将来役に立たないよ」といわれたことはありません。また大学は理学部物理学科に入学しましたが、当時は一般的に「物理で食べていくのは難しい」といわれていました（これは、今も同じかもしれませんが）。そのときに、親は「物理で食べていくのは大変だから、医学部に入った方がいいんじゃないの」とはいいませんでした。とにかく、学問や職業にランクづけをせず、僕がやりたいことを邪魔しないで見守ってくれました。

親が子どもにできることは、限られています。それは「見守ること」と「応援すること」。**子どもが何かに興味を持ったら、口出ししたい気持ちをぐっと我慢して見守り、応援するだけです。**あとは、子どもの自主性に任せましょう。子どもの自主性に任せて、失敗したとしても、子どもは「自分で決めたことだから」と、なんとか自力で道を切り開いていくものです。

今の時代は、年功序列、終身雇用の時代に比べたら、何が価値のあることに繋がるかわかりません。ひと昔前は、例えばパティシエという名前の職業は日本にはありませんでした。町のケーキ屋さんや洋菓子職人と呼ばれていたくらいでしょうか。それが、お菓子の本場フランスで修業をし、一流のパティシエとして世界中から注目され、数々の賞を獲って人々に尊敬される人も出てきました。

今は、自分の興味を極めれば輝ける時代です。先ほどのパン職人になりたいといった少年だって、パンのことを突き詰めていって、どんな小麦やイースト菌を使えばパンがおいしくなるか、中の具をどんなものにしようか、と探究していけば、もしかしたら世界一のパンをつくる人になれるかもしれない。そうやって自分が興味を持ったことに真剣に取り組める子は、地頭がよくなるから受験もうまくいくはずです。

親は、子どもに影響を与えることを目的に存在するのではありません。子どもがいろんなものに出合って、挑戦して失敗しても安心して戻ってこられる安全基地であるべきなのです。

そのときどきの興味を認めてあげる

子どもは実に、さまざまなものに興味を持ちます。

数カ月前は、パン職人になりたいといっていたのが、今はファッションデザイナーになりたい、といっているかもしれません。

しかし、ここで「どうせ、すぐにやりたいことが変わるんだから、それなら勉強に集中させておけば、いざとなったときに『潰し』が利く」と考えて、子どもがそのときに興味を持っていることを取り上げてしまったら、どうなるでしょうか？

子どもは探究する気持ちを失ってしまうでしょう。探究する気持ちを失えば、人生に対する意欲もなくしてしまいます。

たとえ、興味を持ったことが将来の道に直結していなくても、探究すること自体が大事です。ひとつのことに興味を抱き目標を持って探究を続けると、目標を達成させるために、計画を立てたり、実験したり、試行錯誤します。その過程において、子どもは学ぶ楽しさを知るでしょう。

そのようにして、探究のスキルを学ぶと、もっと「深掘り」したくなるかもしれません。あるいは、興味が広がって別のものに興味を持つかもしれない。そうしたら、また新たな探究を始めるでしょう。

子どもがひとつのことを探究するのをやめて次、次、と探究の対象を変えていっても、「この子は飽きっぽいのかしら。ひとつのことが長続きしない」などと心配する必要はありません。

大事なのは、何かを探究する姿勢です。具体的な目標は、極端なことをいったら、何でもいいのです。そのとき、そのときの子どもの興味をどれも認めてあげれば、やがてその子が本気でやりたいことが見つかるはずです。

一流のものに触れさせるのも探究学習のひとつ

親が子どもにできることは、「見守ること」と「応援すること」だと前述しました。見守るよりも、もう少し子どもと積極的に関わるのが、「応援すること」です。

応援するときに大事なことは、**「世界は広いし、すごい人がたくさんいる」ということをなるべく早いうちから教えてあげる**こと。小、中学生くらいだと、自分が生きている世界は家と学校と塾くらいで、関わる人は家族、友だち、先生などという子が多いでしょう。

子どもたちは、今、自分が置かれた環境を生きることに精一杯で、広い世界に目を向ける余裕がないかもしれません。そこで、そこに目を向けさせてあげるのが大人の役割なのです。

僕の場合は、小学校に上がる前に、母親から、近所に住む昆虫学を専攻していた大学生のお兄さんを紹介されたことが、大きな転機になりました。それをきっかけに日本鱗翅《りんし》学会という蝶や蛾を研究対象とする大人たちが集まる学術団体に入ったことで、広い世界を知ることができました。小学生だった僕は、学校の中では蝶については誰よりも詳しく知っていると思っていましたが、日本鱗翅学会の大人たちと話していると、「自分はまだまだ。世の中にはこんなにすごい人たちがいるんだ」と、大きな刺激を受けました。

先ほど例に挙げた、パン職人になりたいといっていた少年も、ただ家でパンを焼いてそれを食べた家族が「おいしい」といってくれるレベルでは井の中の蛙《かわず》です。そのときに親ができることは、本当にすごいと呼ばれるパン職人が焼いたパンをたとえ遠方でも買いに行って実際に食べさせてあげること。そして「あなたが作ったパンとこのパンは、どこがどう違うと思う？」と子どもの探究心をくすぐってあげる。親がするべき「応援」とは、そういうことです。

また、常に「その分野のトップレベルのもの、人」を見せてあげることも大事です。

例えば、アメリカの実業家でエンジニアでもあるイーロン・マスク。彼は宇宙輸送を可能にするロケットを製造開発するスペースX社の創業者であり、電気自動車会社であるテスラモーターズのCEOでもあります。資産は二〇一八年時点で二〇四億ドルとされています。

そのマスク氏が、二〇一八年三月に行なわれたテキサス州でのイベント「サウス・バイ・サウスウェスト（SXSW）」に出席して、火星への有人飛行を目指して開発している「ビッグ・ファルコン・ロケット（BFR＝火星と地球との間を往復できるよう設計された再利用可能な超大型ロケット）」について、二〇一九年前半までには短時間の上昇・降下テストの準備を進めていることを明らかにしました。

マスク氏は二〇一七年に、BFRの開発を進めていることを発表しています。BFRを利用すれば、ニューヨーク市から上海までおよそ三十分で移動できるといいます。そしてBFRによる火星に向けての打ち上げについては二〇二二年を目指しており、最終的には自立的なコロニーを火星に建設することを目指しているそうです。

ただ、マスク氏が率いるスペースXやテスラモーターズは、公表した予定を達成できないことでも知られています。しかしマスク氏は、あえて無茶な目標を掲げてそれを公表することで、社内にも自分にも緊張感を持たせ、（予定よりは遅れるけれども）実際にすごい成果をあげています。

世の中には、そういうすごい人がいる、ということを親が知らないとしたら、狭い範囲でしか子どもに人生を語ってあげられません。それでは、子どもの探究心を羽ばたかせることはできず、無限に広がっているはずの将来の可能性を狭めることにしかならないでしょう。

そうならないためにも、**親は子どもに広い世界を見せてあげてください**。本当は、イーロン・マスクのような人に会わせるという生の体験が一番なのですが、なかなかそれは難しいでしょう。代わりにイーロン・マスクが演説している動画を見せるなどして、「世の中にはこういう人もいるんだよ」とそれとなく教えてあげましょう。

それを見た子どもが、どう受け止めるかはわかりませんが、少なくとも今いる世界がすべてではないのだと気づいてくれるはずです。

また、**いろんな人に会う機会をつくってあげるのも大人の役割**です。

僕が子どもの頃は、「子ども会」に地域の子たちのほぼ全員が参加していました。今は、参加しない人も増えていると聞きますが、子ども会は自分の家の近所の年齢の違う子どもたちや、その親たちと交流する、学校とは違った共同体で、そこでしか会えない人たちがいます。

普段子どもが接する大人は、自分の親や学校や塾の先生、親せきくらいのものではないでしょうか。でも、子ども会ではいろいろな大人に出会うことができ、子どもにとっては大きな学びになると思います。

大人たちの会話に耳を澄ませてみると、「自分の親はいつもこんなことをいっているけど、○○くんの家のお母さんは、うちとはぜんぜん違うことをいっている。こんな考え方もあるんだな」と思ったり、「うちの親と似たようなことをいっているな。やっぱりその考えが正しいのかも」と感じたり。どちらの意見を聞くにしても、世間や大人の世界を垣間見ることができ、いろいろな意見を立体的に見ることができるようになります。

これによって、自分の狭い世界や考えに固執せず、世の中にはいろんな人がいて、いろんな意見があるのだということを知る良い機会となるはずです。

とはいえ、子ども会だけだと、同じ地域に住んでいるということで共通点も多いため、意見が偏りがちになる場合もあります。ですから、**できるだけバックグラウンドの違う人たちが集《つど》う場に、子どもを連れていく**のもお勧めです。例えば、親が参加しているボランティア活動や、親の会社主催のイベント、趣味のサークルの集まりなど、いろいろあると思います。

子どものうちから、いろいろな大人（尊敬できる人やそうでない人も）や子どもに会うことで学校や本の中では得られない教養を身につけることも可能です。たとえ尊敬できないような人に会ったとしても、それを反面教師にすればいいのですから。

勉強の邪魔といわれていたものが生きてくる時代

研究者であり、筑波大学准教授であり、メディアアーティストであり、実業家であるという肩書を持ち（プレゼンテーションの際に列挙される肩書は平均で一四個もある）、さまざまな分野で活躍されている落合陽一さん。彼の父親は、国際政治ジャーナリストで小説家の落合信彦さんです。

前述したように、先日、落合陽一さんと話す機会があり、父親の信彦さんから教わった一番のことは何か、尋ねてみました。すると、とても意外な答えが返ってきました。普通は、「国際情勢やジャーナリズムについて、あるいは読書や文章の書き方などを教わったのだろう」と思うのですが、一番はワインについてだとか。

落合信彦さんはワインのコレクターであり、落合陽一さんは子どもの頃からワインの蘊蓄《うんちく》について聞かされていたそうです。ワインが飲める年齢になると、たくさんのワインを試飲したとか。落合陽一さんは、「父親から受けた一番の教育はワインだった」と述懐していました。彼の今の活動とワインは、直接は結びつきません。しかしながら、何がその子にとっての血となり肉となるかは、一人ひとり違います。

僕が言いたいのは、何がその子にとって将来の活動に役に立つようになるかは、「わからない」ということ。だから、なるべくいろいろなものを子どもの前に並べておくことが大切なのです。そして、なるべく多くのことを経験させてあげる。

例えばですが、子どもの興味を惹きそうなおもちゃを目の前に並べておいて、そのどれを子どもが手に取るかは子どもに任せる。そういうやり方しか、大人が子どもにしてやれることはありません。並べるものは、何でも構いません。本でもアニメでも絵でも、何かの経験を体験させるのでも、旅行に連れていくのでも構いません。

例えば、家族でハワイ旅行に行くというのは、一見すると単なるバカンスであって子どもの探究心をかきたてるようなものではない、と考える親御さんもいらっしゃるでしょう。ハワイよりは、世界遺産を見せてあげる方が勉強になる……と考える方もいらっしゃるかもしれません。ですが、どこでどのような学びを得るかはその子によって違います。

ハワイに行って、ハワイのフラダンスを見て伝統文化に興味を持つかもしれない。日本の植生とは違うハワイ独特の植物に興味を抱くかもしれない。そこは大人にはまったく予測ができません。だから、なるべく多くのものを並べておくのです。並べておくものは、直接的に勉強に役立つものでなくてもいいのです。

家の中に「好奇心のフック」をたくさん置いておく

僕の父親は、クラシック音楽が好きで、家にはたくさんのクラシックのレコードがありました。そのコレクションの中から最初に自分で選んで聴いたのが、アルフレート・ブレンデルが演奏するベートーベンのピアノソナタでした。

小学校に上がる直前に聴いたのですが、今でもそのときのことは記憶に残っています。なぜ、ブレンデルのベートーベンを選んだのかは、今となってはわかりませんが、そこにブレンデルのベートーベンがなかったならば、そのときに聴くことはなかったでしょう。そのことが影響したのかどうかわかりませんが、僕は今でもクラシックが大好きです。

ただ、「じゃあクラシックのCDやレコードを置いておけば、子どもがクラシックを好きになるのか」というと、そう単純なものではありません。また、クラシック好きの方がヒップホップ好きより、成績がいい、といったこともありません。

大事なのは家庭の中に、選択できるものがたくさんあり、子どもの好奇心を刺激してあげることなのだと思います。

教養は人生の腐葉土みたいなもので、いろいろな要素がまんべんなく混ざり合っていないと、探究学習もできません。探究には総合力が必要ですから、純粋培養よりもいろいろな人に触れた方が絶対にプラスになります。

今までの日本の教育において、「これは勉強の邪魔になるから興味を持ってはいけない」と、思われていたものほど、これからの時代には探究のテーマになる可能性があります。例えば、映画『怪盗グルー』シリーズやスピンオフの『ミニオンズ』でおなじみのミニオンというキャラクターに興味を持ったとします。それが第一段階。

次に、「じゃあ今度は、自分でオリジナルキャラクターを描いてみよう」と考えて絵を描いてみるとしましょう。その過程で、世界各地の神話を調べてみたり、今まで発表されたいろいろな作品を研究してそれが人気を集めている理由を考えたり、人間観察をしてキャラクターの性格を編み出したりする。そうした一連のことが、結果的に探究心を深め、高めることに繋がっていきます。

漫画を描いたり、キャラクターのデザインを考えたりすることは、これまでは勉強の妨げになるもので、勉強に興味を持てない子が趣味でやるものだと考えられていました。しかし、今や「キャラクターデザイン」や「マーケットリサーチ」は立派に職業のひとつとして成立しています。前述したように、変化の激しい今の時代では、多くの職業がなくなり、また多くの職業が生まれています。今までは趣味といわれていたものが探究の、ひいては将来の仕事の真ん中にくるかもしれない時代なのです。

親の育て方よりも「属する集団」が子どもの成績を決める？

子どもの成績や性格は、どのような家庭で育ったかに起因するとよくいわれます。例えば「愛情を込めて抱きしめると、優しい子になる」「寝る前に本を読み聞かせると、勉強好きな子になる」など。子どもに教養や知識を伝えるのも、将来、社会で一人前の大人として自立できるようにするのも、すべて親の役目だと。つまり、親の育て方が子どもの将来を決める、というようなことがまことしやかにささやかれています。

果たして、これは真実なのでしょうか？

実はこの「子どもの将来は、親の育て方次第」という考えに異を唱えたジュディス・リッチ・ハリスというアメリカの教育研究者がいます。

彼女は一九九八年に『子育ての大誤解』（邦訳は二〇〇〇年、早川書房）という本を出版し、「子育てにおいて親の努力はほとんど無駄になる」と訴え、「子どもがどんな大人に育つかはすべて親の責任である」という考えを一蹴《いっしゅう》しています。この本は、ロングセラーを続けています。

著書の中でハリス氏は、「子どもの性格や成績に決定的な影響を及ぼすのは、親ではない。重要なのは仲間集団だ。家庭から外に出た子どもは仲間集団とのかかわり合いの中で、社会のルールや自らのキャラクターを身につけていく」と語っています。

その例としてハリス氏は、彼女が学生時代にアメリカのマサチューセッツ州ケンブリッジで下宿していたときのことを語っています。下宿の大家さんはロシア人夫婦で、三人の子どもとともに暮らしていたそうです。夫婦はお互いに対しても、子どもたちに対してもロシア語で話していました。夫婦はどちらも英語が苦手で、ロシア訛《なま》りがひどかったからです。

ところが彼らの子どもたちには、まったく訛りがないのです。近所の子どもたちが話すのと同じ、ボストン＝ケンブリッジ・アクセントの英語を流暢《りゅうちょう》に話していたといいます。外見も近所の子どもたちとそっくりで、とても外国人には見えず、ごく普通のアメリカ人の子どもと変わらなかった。それに比べて、親の方は服装のせいなのか、身振り顔つきのせいなのか、「ロシア人くささ」が抜けなかったのです。

このように、移民の家庭の子どもたちは、移民先の言葉や習慣を親から学ぶことができないにもかかわらず、すぐにそれらを身につけることができます。

他にも次のような例があります。イギリスの裕福な家庭に生まれ育った男の子は、八歳になると全寮制の寄宿学校へ入れられ、長期休暇で帰省するとき以外は親とは会わずに、その後十年間を学校で過ごします。

にもかかわらず、寄宿学校を卒業する頃には、立派なイギリス紳士の行動様式が身についています。上流階級のアクセントや立ち居振る舞いは父親そのもの。その父親は、息子の成長にほとんどかかわっていないというのに。

ハリス氏は、**子どもは親よりも級友や遊び仲間を自分と同一視し、仲間集団に適するように振る舞いを変え、そしてこれが個人の人格形成に最終的な影響を与える**と主張しています。

ハリス氏の主張は、賛否両論を巻き起こしましたが、僕も子どもの性格や成績がひとつの要因（ハリス氏が指摘したのは親の影響）で決まってしまうと考えるのは極端ではないかと思います。

子どもは、成長する過程で親以外にもいろいろな人に出会い、家庭の外でもさまざまな経験をします。ですから、親という柱によって支えられているというよりは、人生で出会う何百人、何千人の人たちによって支えられて、人格が形成されていくことは間違いないでしょう。

誤解のないように付け加えると、ハリス氏は親による虐待やネグレクトが子どもの人格形成に影響を与えないとはいっていません。あくまで、そういったネガティブな要素のない家庭での話を前提としています。

また、親が子どもにしてあげられることは、何もないともいっていません。親は子どもにとってよりよい成長ができる学校や住む場所の地域環境を与えてあげることで、子どもが成長できる仲間に囲まれて育つようにサポートすることができます。

そして親は、家庭環境と親子の人間関係を通して子どもに影響を与えることができます。

子どもが広い世界に接して、やがて親の影響力を脱していくのが親の最大の喜びといってもいいかもしれません。

子ども自身が興味を持つことに基準を置く

ハリス氏は、「子どもの性格や成績に決定的な影響を及ぼすのは、親ではない。重要なのは仲間集団だ」と述べていました。

ただ、子どもはある程度大きくなってくると、だいたい中学・高校生くらいで「自分の中の基準」に気づくようになります。友だちや先生がこういったから、といってそれを鵜呑《うの》みにはせず、他人にくだらないものだと思われても、自分が面白い、興味がある、というものを大事にするようになります。

自分の中に基準を持つ人は、いざというときに強いです。周りの環境や状況がどう変化しようとも、周りに振り回されることなく、しっかりと生きていくことができます。この資質は、何が起こるかわからないこれからの時代には、とても重宝する能力でしょう。

では、どのようにして自分の中の基準を育てていけばいいでしょうか。

それには、「何かに集中すること」がカギになってきます。集中には、二種類あります。ひとつは先生や親にいわれて、やらされていることに集中すること。もうひとつは、他人にいわれたわけではないけれど、自分が興味を持ったこと、自ら価値があると思ったことを自主的にやって集中すること。

自主的に集中することは、学校の宿題でもないし、親からの課題でもないので、達成できたところで誰も褒めてはくれません。けれども、人にいわれてやって、それを達成できて褒められるよりも、自分でやろうと決めて達成できた方が、脳が感じる喜びはずっと大きなものになるのです。

そういう自主的に何かに集中する時間を習慣化してずっと持ち続けることが、子どもの中の軸をつくっていくことになります。

だから、親から見てどんなにくだらないと思えることでも、子どもが興味を持って取り組んでいたら、どうかそれを否定しないでください。否定せず、温かく見守っていれば、子どもは自立した大人に育つものです。

受け身の学校教育から少しだけ距離をとる

伸びる子と伸びない子の違いのひとつに、「能動的か、受け身か」が挙げられます。伸びる子（地頭ができている子）は、とにかく好奇心旺盛で、探究学習を始める際にも一〇でも二〇でも研究テーマを挙げられます。

反対に伸びない子（地頭ができていない子）は、なかなか研究テーマを見つけられません。だからといって、その子自身に資質がないわけではありません。研究テーマが挙げられないのは、受け身の教育を何年にもわたって受け続けてきたからに他なりません。

日本の学校教育においては、自分の頭で考えたり、自分なりの切り口で問題を探究したりということを、ほとんどやってきていません。先生が与えた課題をこなしたり、ひたすら暗記したりという教育が主流です。大学に入って初めて、自分で研究したいテーマを選んで卒論などを書くという学生がほとんどではないでしょうか。

地頭は何歳になっても鍛えられますが、これからどうなるか予想のつかない時代においては、なるべく早いうちに地頭を鍛え、どんな状況になっても乗り越えられる力が必要です。

最近では、**インターナショナルスクールや国際バカロレアの認定校などで、小学校一年生から探究学習を導入**しています。

自分の家の周りの植物を調べ、もともと日本にある「在来植物」と「外来植物」の分布を地図に書いて研究をしている子どもの発表を見たことがあります。その子はたしか小学校二年生だったと思います。幼い頃から探究学習をしている子は、自分の頭で考える力が発達するため、その後ものすごく伸びます。

スマホが探究学習の入口になる

今までの教育では、大学生になって卒業論文で初めて探究学習をするというのが普通でしたが、できれば小学生のうちからやるというのがベストプラクティスです。ただ、地頭ができている子は学校で指導されなくても、自ら探究課題を見つけ実践しています。

探究課題というと、何かたいへん難しそうに感じるかもしれませんが、そんなことはありません。入口として、一番入りやすいのはスマートフォンです。これを提案すると、大抵の親が「子どもがスマホをいじっているのは、不安だ」と答えますが、使い方次第では、いくらでも探究課題を「深掘り」できます。

例えば、スマホ一台あればプログラミングもできるし、音楽も作れる。動画の編集だってできます。できないことは、ほとんどないくらいに何でもできてしまいます。

二〇一七年に芥川賞を受賞した山下澄人さんは、北海道富良野市在住の脚本家兼演出家で、演出家の倉本聰《そう》さんが主宰していた養成所「富良野塾」の二期生でした。山下さんは、受賞作『しんせかい』（新潮社）を「創作時に変に構えたくない」という理由から電車の中でスマホを使って執筆したそうです。受賞当時は、芥川賞をとるような小説をスマホで書いた、ということで大きな話題になりました。

とはいえ、「スマホを使って、そうした創作をするならスマホが探究のツールになるといえるけれど、ゲームやラインをしているだけでは探究とは呼べないのでは」と思う親御さんも多いことでしょう。

確かに、ただ受動的に与えられたものを利用するだけでは探究しているとはいえません。ただし、既存のゲームでもそれを使いこなせれば、立派な探究であるといえます。

例えば、オンラインで行なう戦略シミュレーションゲーム。戦争を題材にしてその戦闘を再現し（なかには史実に基づいて特定の時代を題材にしたゲームもあります）、数百人単位のユーザーが集まり、ひとつのゲームで競い合います。参加者は、兵隊役や指揮官役など、さまざまな役割を担《にな》ってゲームをします。指揮官役になると、数百人の兵隊役の人たちに、どう動くかを指示して戦闘を繰り広げるのです。

このとき、指揮官役はどういう戦略を取れば敵に勝てるかをシミュレーションします。このシミュレーションこそが、探究そのものです。これは会社の経営戦略にも似たものがあるため、アメリカの企業では、このゲームの「将軍役」の経験者を、実際の人材として求めているという話まで、耳にします。

アメリカでは、ホームスクーリング（学校に通学せず、家庭に拠点を置いて学習を行なうこと）で、学校には通わず、家で戦略シミュレーションゲームをひたすら行なっている子も多いとか。しかも、彼らはハーバード大学やマサチューセッツ工科大学で教えている教授の子どもだったりすることが多いそうです。

僕の知り合いのアメリカ人のお子さんで、小学校二年生の子がいるのですが、その子もホームスクーリングで、戦略シミュレーションゲームに没頭しています。しかも、指揮官役で数百人の兵隊たちを日々動かし、戦略を練っています。オンラインなので、ゲームに参加している人たちは、自分たちの指揮官がまさか八歳の子どもだなんて知らないでしょうが。

親にとっては子どもがスマホやゲームばかりやっているのを見ると、不安になるのでしょうが、今やスマホで何でもできてしまう時代。**スマホは子どもの可能性を狭めるどころか広げてくれるツール**なのだと考えてみたらいかがでしょうか。

「~しなさい!」が脳の「やる気の回路」を邪魔してしまう

脳は命令されると、自分から動けなくなる、という特徴を持っています。

親子の間ではよくあるやりとりですが、親はダラダラしている子どもを見ると、「早く食べなさい!」「片付けなさい!」「早くお風呂に入りなさい!」「早く寝なさい!」「そんなところでダラダラしてないで勉強しなさい!」と、つい命令口調を連発しているのではないでしょうか。

「～しなさい！」と命令されると、子どもの方では「もう少ししたらやろうと思っていた」かもしれないのに、途端にやる気をなくしてしまいます。これは、子どもでなくても、誰でもそうだと思います。仕事でも勉強でも、他人からいわれてやるのではなく、目の前の課題を「やりたいからやる」方が、やる気が出ます。

というのも、**人間の脳は一度「やらされている」と受け身に感じてしまうと、脳が抑制され、前頭葉を中心とする「やる気の回路」がなかなか働かなくなることが脳科学的にも示唆されている**からです。

つまり、親が「～しなさい！」といえばいうほど、子どものやる気はどんどん奪われていってしまうのです。

これとは反対に、親のいうことを素直に何でも聞く子だったら、親としては楽ですし、いい子に育ったと思うかもしれません。しかし親のいうことを何でも聞く子は、脳が受け身であることに慣れてしまっていて、自分から能動的に動くことができません。

何かあったときに、「どうすればいいか」の判断を親に委《ゆだ》ねるクセがついているため、親になんでも質問してきます。要するに、「自分で考えることができない子」ということです。これでは、地頭がいい子には育ちません。

そうならないためにも、親御さんは「～しなさい！」という言葉が子どもの自立を奪っていることを自覚してください。命令で無理やり子どもを従わせるのではなく、本人のやる気を引き出すようにしてあげてください。

それには、**何かを「やらされている」と感じるのではなく、「やりたいからやっている」と本人が思うことが必要**です。勉強や趣味など、どんな課題をやるにしても、親からいわれたからやるのではなく、自分自身の課題として「内面化」することに成功すれば、自分で考えて動けるようになります。

内面化とは、「他律」を「自律」に変えること。どんな課題も他人事として捉えるのではなく、自分事として意識して行動することです。

内面化することにより、親や先生の指示がなくても、「次は何をすればいいか」「自分の成長のためには、この課題はどんな意味があるのか」といったことを想像できるようになります。そして自分から率先して動けるようになって、やる気を持つことができます。

子ども自身が自分の時間のマネジャーになる

日本の学校の授業は、先生が黒板の前に立って、その日やるべき範囲を六十分なり九十分なりしゃべって教える講義形式の一斉授業です。生徒一人ひとりの習熟度は無視して、既にわかっている子も、授業についていけない子も一律に教えています。その間、子どもたちは先生の話を聞き、板書をしたり、先生の質問に答えたりします。

一方で、欧米では日本のような一斉授業はやりません。学年ごとに学級があり授業のレベルが決められているのではなく、一人ひとりの生徒がそれぞれの習熟度にあったレベルの授業を取ります。授業形式は個別授業です。個人が異なる課題を自分で学習することが中心となる授業です。個別授業は次のように進められます。

月曜日の一時間目に、各生徒が今週の課題を決める。全体の課題と時間毎に割り振った作業を決め、それに従って、週の学習が進んでいきます。先生は生徒がわからないところを教えたり、進捗状況をチェックしたりします。金曜日の最終時間にどれだけ実行できたかを調べ、次の月曜日に繋げていくという流れです。つまり、自分のペースで学習することと、自分が決めた課題をやることが基本です。

先日、教育評論家の尾木直樹さんから面白い話を聞きました。尾木さんが、フィンランドの中学校の授業を視察しに行ったときのこと。数学の授業を見学していたら、ある子が数学の課題はやらずに絵を描いていたそうです。そうしたら、先生がその子のところにやってきて、「あなたは、絵に興味があって、今そのことについて学ぼうとしているのね」といったとか。

これが日本だったら、「今は数学の時間なのに、絵なんか描いて！」と怒られたことでしょう。ところがフィンランドの先生は怒らない。子どもは先生に叱られないことで、はっとして「自分が今、絵を描いているのは本当に興味があってやっていることなのか、それとも単なる暇つぶしなのか」を考える機会を得ます。そこで自分自身に問いかけて、本当に絵を学びたいなら、そのまま描き続ける。片手間にやっていたことなら反省して数学の授業に戻るということを自分で判断します。

結局は、その子は「暇つぶしに絵を描いていたんだな」と判断して、先生に謝って数学の授業に戻ったそうです。

先生が叱らなかったのは、**子どもの自主性を育むためには、自分の時間の使い方を自分で判断させることが大事だ**と知っているからではないでしょうか。

探究学習とは、自分で課題を追究する自主性を持ち、自分自身が自分の時間のマネジャーになって課題を遂行することに他なりません。ですから、子どもの自主性を重んじている欧米型の授業を受けた子は、わりとすんなり探究学習に入っていけますが、一斉授業しか受けてこなかった日本の子どもたちにはなかなか難しいようです。

これまでは、それで良かったのだと思います。欧米に「追いつけ、追い越せ」で進み、上司や会社にいわれたことをしっかりこなす人材が求められていた。しかし、繰り返しになりますが、これから活躍できる子どもとは、自分で考え、探究することができる子なのです。

親に聞くよりも、自分で調べる子に育てよう

勉強ができる子を見ていて思うのは、彼らは自分のペースで学習を進め、自分に合った勉強の仕方を知っているということです。実は、どんな勉強法が自分にとって最適であるかは

人によってまったく違います。勉強ができる子は、自分の特性をよく見極めて、自分なりの勉強法を確立しているのです。

もちろん、学校や塾の先生、参考書、勉強の仕方の本などを参考にしてもいいと思いますが、それらの中からたったひとつの方法を選んで自分に無理やり当てはめるのではなく、各勉強法の中で自分に合うものを「いいとこ取り」して、自分なりの勉強法を見つけましょう。

最初は、試行錯誤かもしれませんが、いろいろ試していくうちに「自分に合った勉強法はこれだ！」とわかるときがきます。

そのときに大事になってくるのが、「自分で探すこと」。親や先生に教えてもらっても、伸びません。なぜなら、誰かに聞くよりも自主的に自分に合った勉強法を探す方が、ぴったりの勉強法を見つけることができるからです。親御さんは口を出したくなる気持ちをぐっとこらえて見守り、本人も焦らず探していくことです。

さらにいえば、聞いてそれで満足してしまうのは、探究学習の精神に外れています。そもそも、先生の方はどうかわかりませんが、たいていの場合、子どもの疑問に対する親の答えは、そんなたいしたものではありません。そのことをわかるのがまず必要です。

探究は基本的に本人がするしかないのです。

脳が褒められることでやる気になるメカニズム

アメリカの学校では、子どもたちに対して「小さな賞」を与えることをよくやっています。

例えば、「掃除がよくできました賞」や「遅刻しなかったで賞」、「お花に水をあげていたで賞」など。大人からすればたいしたことでなくても、子どもは予想以上に喜びます。

なぜなら、努力を褒めてもらえるだけでなく、自分が人知れずがんばっているところを先生がちゃんと見ていてくれたことがうれしいからです。

人の脳は、基本的に褒められることで伸びていきます。

誰かに褒められたり、今までできなかったことができるようになったり、何かを達成したと感じたとき、脳内では喜びや快感に関係する神経伝達物質である「ドーパミン」が放出されます。**ドーパミンが放出されると、脳はその直前にやっていた行動を繰り返したくなる性質があります。これを「強化学習」と呼び、人工知能の学習にも使われています。**ですから、子どもががんばったときはすかさずその行為を褒めることで「次もがんばろう」というやる気を引き出します。そして、やる気を持って実際に努力するので、ますます伸びるようになるのです。

ただし、褒めるときには、注意が必要です。

もともと持っている能力や才能、容姿などに対して、「おまえはすごい！」「天才だ！」「足が長くて素敵だね」「その鼻の形がきれいだね」といったように褒めても、必ずしも効果的ではありません。いわれた本人が納得できる情報が何もないからです。がんばったことに対して具体的に褒めなければ、効果はありません。

さらに、褒める対象を限定してしまうことにも注意が必要です。例えば、学校の成績が上がった、水泳大会で一位を獲ったなど、誰もが認める「わかりやすい成果」だけを褒める。当然、それを褒めてもいいのですが、そのときは**「以前のその子と比べてどれくらい伸びたか」に着目して、褒めてあげましょう。**

褒める対象は、大人から見たらくだらないと思えることでも何でもいいのです。例えば、近くの鉄道沿線の駅名を順に覚えられたり、ポケットモンスターのキャラクター名をたくさん覚えられたら、「そんなこと覚えても何の役にも立たない」とあきれたり、突き放したりするのではなく、「すごいね、よく覚えたね」と本気で褒めてあげてください。それは、今までできなかったことができたということなのですから、当然ドーパミンが放出され、その子はやる気を持ちます。

褒めるときは、タイミングが非常に大事です。

では、どんなタイミングがいいのでしょうか。

子どもを注意深く観察し、子どもがチャレンジして、うまくできた「その瞬間」に褒めることです。そのためには、常に子どもの行動をきちんと観察している必要があります。そして子どもにとっては、それだけ自分のことをずっと見守っていてくれたんだというメッセージにもなります。また、前述のように、うまくできたその瞬間に褒められると、ドーパミンが放出されます。すると、脳の神経回路が強化され、脳が豊かに発達します。

自分から進んで勉強する子に育てる方法

自分から進んで勉強や探究をする子に育てるには、親が教育に熱心であるよりも、むしろ**「子どものことは見守りつつも野放し」**である方が良いのです。

なぜかというと、親が教育熱心な場合は、親は本を読んだりインターネットを使ったり、知り合いからの情報を得ながら、集めた情報を子どもに教えたくなります。すると、つい「成績を上げるには○○をした方がいいよ」とか、あるいはもっと強い口調で「○○をしなさい」と指示を出してしまいがちです。

親から命令や指示を出されることに慣らされてしまった子どもは、やがて自分で考えて動けなくなってしまいます。親としては子どものためを思ってしていることが、かえって子どもから自主性や好奇心を奪い、親の顔色ばかりを窺う萎縮した子どもに育ってしまいます。

また、親から命令や指示ばかり出されている子は、何か疑問があってもすぐ親に聞いてしまい自分で調べなくなるか、疑問すら浮かばなくなることもあります。

子どもは本来、好奇心の塊《かたまり》で「なぜ？」「どうして？」が常に頭の中をかけめぐり、それが探究心へと繋がっていくものです。誰もが知っている偉大な発明家エジソンは、幼い頃から「なぜ、なぜ」と疑問を持つ好奇心旺盛な少年でした。

エジソンは小学校に上がっても、「なぜ、なぜ」がおさまらず、ときには先生を質問攻めにしました。そして学校の授業を妨害したという理由で、わずか三カ月で退学させられてしまいます。

そのため、元教師であった母親がエジソンに勉強を教えたという逸話が残されています。今でいう、ホームスクーリングというわけです。エジソンの母親は、エジソンの「なぜ?」に対して、できる限り丁寧に説明したと聞きます。また、自分がわからないところは、エジソンと一緒になって調べたとか。エジソンの母親は、「なぜ?」をとても重要視したということです。

繰り返しますが、子どもの「なぜ?」は子どもの探究心を刺激し、子どもの可能性を引き出してくれます。それは**「なぜ?」という疑問の答えを見つけることが、子ども自身の考える力を養い、探究心を伸ばすことに繋がるから**です。

さて、先ほど僕は「親に聞くよりも、自分で調べる子になろう」といいましたが、エジソンが母親に勉強を教わっていたくらい小さいうちは、親に教えてもらってもいいでしょう。ただし、エジソンの母親は元教師でしたから、普通の親とは違って親というより先生という感じだったと思いますが。

しかも、教師である母親さえもわからないことは一緒になって調べたわけですから、この時点でも二人の関係は、教える者と教えられる者という関係というよりは、同志に近かったかもしれません。やがてエジソンは科学に興味を持つようになり、母親が教えられない化学や物理学の知識は、図書館に通って独学で学びました。こうしてエジソンは、疑問を持ったら、自分で調べ学べる子どもへと変わっていったのです。

子どもが小さいうちは、子どもが質問してきたら、一緒になって調べましょう。こうすることで、子どもは親に頼るばかりでなく、自分で考えることを学びます。そうなれば、しめたもので、子どもはやがて自分で興味を持ったテーマを、自ら学び始めます。そして、自分で決めたことをやり遂げたときには、ドーパミン・サイクルがまわり、達成感や喜びを感じることができます。

親や先生にいわれて「やらされている」と思ってやるのか、自分の課題として「やりたいからやる」のかは、全然違います。「やりたいからやる」のであれば、勉強も探究も苦痛ではなくなり、むしろ楽しみに変わるでしょう。そうなれば、親が口うるさくいわなくても、自分から進んで勉強する子になります。

とはいえ、そう簡単にはいかないのでは、と考えている親御さんも多いのではないでしょうか。とっておきの方法があります。

子ども自身に「どうする？」と問いかけて、自分で決めさせるのです。勉強してほしかったら、「勉強しなさい！」ではなく、「今日の宿題は何？」「今日は何から始めるの？」と、子どもから動くように「誘導」してあげましょう。

人は他者に命令されると、やる気を失う生き物です。ですから、それとは逆に「自分で決めたんだ」という自覚を持たせることで、やる気はアップします。

一六万人調査で判明。「家に本が何冊あったかで学力が決まる」

僕は子どもの頃、親から「勉強しなさい」といわれたことは一度もありません。「塾に行きなさい」ともいわれませんでした。ですから、僕は自主的に勉強はしたけれど、塾に通ったことも、家庭教師についたこともありません。

僕の両親の教育方針は、徹底的に子どもの自主性に任せるというものでした。ただ、前述したように、蝶好きな少年だった僕を日本鱗翅学会へ連れていってくれるなど、僕が興味を持っていることに対しては、力を尽くしてくれました。

また、家には父親のコレクションとしてクラシックのレコードとたくさんの本がありました。僕は幼い頃、父に隠れて父のレコードを聴き、本を読みました。その経験が、今の僕をつくったと思っています。

さて、僕が育った家庭環境、とくに父親の蔵書に関連しているな、と感じた面白い学術論文が発表されたので紹介したいと思います。

二〇一八年秋、学術誌『ソーシャル・サイエンス・リサーチ』に、本にまつわる興味深い調査結果が発表されました。オーストラリア国立大学と米ネバダ大学の研究者たちが行なった調査です。彼らは、二〇一一年から二〇一五年に、三一の国と地域で、二十五〜六十五歳の一六万人を対象にして行なわれた「国際成人力調査」のデータを分析しました。

その結果、**「十六歳の時点で家に紙の本が何冊あったかが、大人になってからの読み書き能力、数学の基礎知識、ITスキルの高さに比例する」**ことがわかりました。そしてデータを分析した研究者たちは、「子どもの頃に自宅で紙の本に触れることで、一生ものの認知能力を高めることができる」といっています。

調査では、十六歳のときに自宅に何冊本があったか、被験者に質問し、その後、読み書き能力、数学、情報通信技術のテストを受けてもらったといいます。すると、本がほぼない家庭で育った人の場合、読み書きや数学の能力が平均よりも低かったのです。自宅に本が多くあった人ほどテストの結果は良く、自宅に本が八〇冊ほどあった場合、テストが平均的な点数になりました。とはいえ三五〇冊以上になると、本の数とテスト結果が比例するという傾向は見られなくなったということでした。

さらに、**本に囲まれて育った中卒の人と、本がない環境で育った大卒の人はほぼ同じ学力だ**ということもわかりました。調査によると、最終学歴が中学卒業程度であっても、たくさんの本に囲まれて育った人は、大人になってからの読み書き能力、数学、IT能力が、本がほぼない家庭で育った大卒の人と同程度（どちらも全体の平均程度）だということです。このことから、研究者たちは読み書きや数学の基礎知識において、子どもの頃に本に触れることは、教育的な利点が多いと述べています（『ニューズウィーク』日本版2018年10月18日記事）。

この調査結果の面白いところは、自宅に本が多いことで鍛えられると予想される読み書き能力だけでなく、数学の能力も強化することがわかったことです。これは「子どものときに本を読めば大人になって読み書きが得意になる」という単純な話ではないということでしょう。

また、自宅の本を読んでも読まなくても、効果は変わらなかったそうです。つまり「本をたくさん読めば学力が上がる」という単純な話ではなく、**大切なのは「子どもたちが、親や他の人たちが本に囲まれている様子を目にすること」**だと研究者たちは結論づけています。

よく「子どもは、親の背中を見て育つ」といいますが、家に本がたくさんあること、それ自体が「親の背中」なのだと思います。子どもにとっての「普通」は、常に自分の家庭が基準になっています。親が普段から本を読んでいたり、勉強をしたりしている姿を目にして育った子であれば、「どこの家庭でも、大人とは勉強しているものなのだ」と思います。反対に、親がテレビばかり観ている家庭の子は、それが大人のスタンダードだと感じるでしょう。

家に本がたくさんあれば、たとえ子どもがそれを読まなくても、子どもはそれが大人の姿なのだと思い、自ら勉強する子になります。

そのためにも、親は本を揃えたり、自らが勉強する姿を見せたりするなど、まずは自分が手本となる意識を持つことも必要でしょう。

第4章

how to be inquisitive

「超地頭力」を鍛える五つの習慣

1 探究心の鍛え方

「はじめに」で、「地頭の良さ」について述べました。地頭力とは、自分の頭で「考える力」と、問題を「探究する力」のことですが、本章では、さらに従来の受験にも対応できる頭の良さを「超地頭力」と定義したいと思います。前述したように、これまでの日本の教育においては、地頭力を鍛える教育（＝探究学習）は、ほとんど行なわれてきませんでした。そして現在でも、一部の超進学校を除いて現状は変わっていません。

したがって、「これからは、自分で考えて探究する力が大事だから、課題を見つけて探究してごらん」といわれても、何をどうしたらいいのかわからないという子どもが大半ではないでしょうか。たとえるならば、いきなり大海原に投げ出されるようなものです。

そこで本章では、「超地頭力」を鍛えるためには具体的に何をどうすればいいのか、五つの学習法を伝授したいと思います。まずは、ひとつ目として探究学習の入口として絶対に必要な、好奇心や夢中になれるものを見つける方法と、そうした探究心を深める方法をご紹介します。

前述したように、探究学習を始めるにあたって、最初から「自分はこれを探究したい！」「ぜひとも、探究したいテーマがある」という明確な目標を持っている子は、それほど多くはないものです。まずは探究心を育てるところから始めましょう。

子どもの頃のことを思い出させる

探究するテーマが見つからない場合、いろいろな方法がありますが、そのひとつに「子どもが昔興味を持っていたことを思い出させてあげる」というものがあります。

小さな頃は初めてのことが多く、見るもの触れるものに対して、毎日ドキドキワクワクの連続です。お小遣いを握りしめて、隣町までひとりで買い物に行くだけで大冒険。ひとりでバスに乗って、車窓から見たこともない店が並ぶのを夢中になって眺めて、まるで別世界に迷い込んだような気持ちになる。目に映るもの何もかもが新鮮で、好奇心が刺激されることでしょう。同時に、無事に家に帰り着けるだろうか……という不安や恐怖も感じていたはずです。

このような不安を抱えつつ、冒険を終え無事に自分が住む町の風景が見えたとき、ほっとして涙が出そうになる。それでも子どもは、まだ見ぬ未知のものへの興味や好奇心、チャレンジ精神にあふれています。いくつもの初めてを乗り越えて、ときには回り道したり失敗したりしながら、子どもの脳は育っていきます。

やがて、興味や好奇心、感動、ちょっとした疑問から「どうしてだろう?」「もっと知りたい」となって、のめり込んでいくように探究を始めることがあります。

僕の場合は、蝶でした。郊外で育ったため、幼少の頃は自宅の近くの神社や森には全部で約五〇種類もの蝶が生息しており、その美しさに心を奪われ夢中になって追いかけました。蝶を追いかけているうちに、豊富な生命があふれていることに驚き、どうして彼らはここにいるのだろう? 何が彼らをここに存在させているのだろう? と、どんどん興味を持つようになりました。

小さい頃のことを思い出していただければ、誰でも自分が夢中になったもの、興味を惹かれたものが必ずあるはずです。好奇心や意欲というのは特別なものではなく、ごく当たり前に誰にでも備わっているものなのです。

子どもの頃の興味をとっかかりにして、今の自分が探究したいと思えるテーマを見つけるのもひとつの手段ではないでしょうか。

人との出会いから探究心は育まれる

前述したように、僕があまりにも蝶にはまっていたため、小学校に上がる前に、母親が近所に住む蝶の研究をしている大学生のお兄さんのところへ連れていってくれました。

人間の脳とは不思議なもので、興味を深めるきっかけが自分の外側から訪れたものであっても(僕の場合は母親)、いざその魅力に取りつかれると、もっと知りたいという強い欲求が生まれるものなのです。

僕はそのお兄さんがきっかけで蝶の学会にまで入ることになったわけですが、まだ子どもだった僕には、正直、学会で話されている話の内容がすべて理解できていたわけではありませんでした。ただ、聞いているだけでとても大きな刺激になったことを、今でも鮮明に覚えています。なにしろ学会に参加されている方々の誰もが、それなりに蝶のことを知っているだけの僕など到底足元にも及ばないくらい、豊富な知識を持ち合わせていたのですから。

僕は大人たちの会話を聞きながら、「世の中というのは上には上がいるんだな」ということを学びました。そして、「もっと詳しくなりたい！　もっと上のレベルに近づきたい！」という、とてもシンプルで強い探究の欲求が自分の脳内に生まれました。蝶の研究をしている大学生のお兄さん、日本鱗翅学会の大人たちという、未知の人々との出会いが僕の探究するテーマを見つけるカギになったのです。特に大きかったのは、少し変わった子がいると、それを「平均」まで引き戻そうとする「同化圧力」から自由になったこと。学会に出入りすることで、「跳躍の自由」を得ることができたのです。

たとえ一回きりの機会でもいいですから、大学者や知識の深い人とかかわりを持つこと。それが、ひとりで勉強しているだけでは得られない深い興味を持つことに繋がります。

セレンディピティで、人は変わる

そのためにも、とにかく何でもいいので子どもの行動を促《うなが》すことをお勧めします。それこそ、自分が追究したいと思う研究をしている人に会いに行かせるのでもいいし、本を読むことで興味のあるものとの出合いのきっかけになることもあります。

偶然の幸運に出合う能力のことを「セレンディピティ」というのですが、セレンディピティは、「行動」「気づき」「受容」の順で訪れます。つまり、まずは行動ありきです。じっとしていても、幸運は向こうからやってきません。

このときの行動には、理由は必要ありません。どんな理由であっても、とにかく行動すればいい。例えば、蝶（A）という目標のために行動していたら、生物進化学の権威（B）やアインシュタインの存在（C）に出合うというのがセレンディピティです。極端なことをいえば、Aは何でもいい。AとBやCの間に、相関関係があってもなくてもどちらでもいい。とにかく行動を起こすことが大事です。

Aを目標にしていたけれど、BやCにたどり着いたら、自分が出合ったものの存在、意味に気づかなければなりません。せっかく素晴らしいものに出合っても、それに気づかなければ偶然の幸運を生かすことはできませんから。

それに気づくためには、自分の周辺視野にあるものに目を配る必要があります。Aという目標を定めすぎると、それ以外のことには関心が向かなくなってしまい、もしかしたら自分にとっての幸運はBやCの場所にあるかもしれないのに、それを逃してしまうこともあります。ですから、最初の行動のきっかけとなるAは何でもいいのです。もちろん、Aを目標にしてそのままAにのめり込んでもいいわけですが。もっと柔軟に、AからBやCに探究テーマが変わってもいいわけです。

セレンディピティを活かすためには、出合ったものを受容する必要があります。せっかく偶然の出合いがあり、それに気づいても、それを受容できなければ意味がありません。出合いは、しばしば自分のこれまでの人生観、価値観を変えてしまうものです。

人はときとして、これまでの自分から変わってしまうことを恐れます。だからこそ、受容して、変わっていく勇気を持たなければ、本当に自分が探究するテーマに出合うという幸運は得られないのです。

探究は普段の生活の中に潜んでいる

僕は毎朝の習慣として、自宅の近所をランニングしています。ランニングという普段の生活の中にも、常に探究のタネは潜んでいます。

初夏のある日のことです。いつものように公園を走っていると、ホタルブクロの花を発見しました。ホタルブクロとは、各地の平地から山地にまで広く分布する多年草です。初夏から夏前半にかけて釣り鐘型の花を茎に数多く咲かせます。

そのホタルブクロを発見したときに、ある疑問がわきました。

通常ホタルブクロの花は、東日本では紫色が多く、西日本では白色の花が多いというのが定説となっています。それなのに、東京の公園で僕が見かけたホタルブクロは白い花を咲かせていたのです。

「どうして、東日本の公園に白いホタルブクロが咲いているのだろう?」「そもそもホタルブクロの場合、どこからどこまでが東西の境界線なのだろう」「ホタルブクロの他にも東西で色が違う花があるのだろうか?」と、さまざまな観点から疑問が浮かび上がってきました。

このように普段の生活の中から、ちょっとした疑問を抱き、その答えを追い求めたいと思うことから探究が始まることもあります。ですから、普段の生活を丁寧に生きていれば、道端に咲く花からだって探究したいと思えるテーマは見つかるものです。

脳の特質を利用してドーパミン・サイクルを回す

第1章で「ドーパミン・サイクル」について解説しました。

人間の脳はドーパミンが分泌されたとき、どんな行動をとっていたかを克明に記憶し、ことあるごとにその快感を再現しようとする働きがあります。ある行動をとったとき、ドーパミンが放出されると、その行動を強化するという特質を持っているのです。つまり、脳はドーパミンという報酬を得て喜びを実感できた行動を再現し、繰り返したくなる。結果として、その行動に熟練していくというわけです。

僕は子どもの頃、親から「勉強しなさい」といわれたことがない、と述べました。むしろ、いわれる前に自分から進んで勉強していました。というのは、勉強が面白くてたまらなかったからです。

とはいえ、もちろん最初から勉強が面白かったわけではありません。自ら勉強を始めたきっかけは、興味を持ったもの（例えば蝶）に対しての「もっと知りたい！」という知識欲からでした。

そして、蝶について調べていくうちにそこから派生して、理科や数学、国語などの学校の勉強にも興味を持つようになりました。最初は試行錯誤をしながら学んでいき、問題が解けたり、先生に褒められたりすると、自分の中の何かがとても喜ぶのです。それは一種の快感といっていいぐらい、勉強を続けるほどに楽しくなりました。やがて、「勉強するとうれしい」「うれしいから勉強する」というサイクルができあがりました。

今考えると、それがドーパミン・サイクルだったのです。

夢中になれるものを見つけ、熱中し、達成感を得る。その対象は人それぞれですが、この経験を何度も繰り返すことで、ドーパミン・サイクルができあがっていきます。

役に立つ、立たないに関係なく、興味をそそられるもの（マンガでもゲームでもいい）は誰にでもあるので、そこから探究を始めてみることをお勧めします。最初から探究がうまくいくとは限りませんが、試行錯誤を繰り返していくうちに、達成感を得られることもあるでしょう。そうなれば、しめたものです。達成感を得られれば、ドーパミンが放出され脳は快感を得て、その行動を繰り返したくなります。そうして、何度も繰り返すことで深い探究の世界へ入っていくことができます。

2 続ける力（＝グリット）の鍛え方

「超地頭力」と聞いて、「生まれつきの頭の良さ」や「センスの良さや才能」という単語を思い浮かべる方も多いでしょう。「成功している人たちには、才能があった」「どんなに努力しても、才能がある人にはかなわない」と決めつけていませんか。

ところが、最近その常識が覆《くつがえ》されようとしています。

ペンシルヴァニア大学教授の心理学者、アンジェラ・リー・ダックワース氏が研究を続け、二〇一三年に開催されたTED（世界中の著名人によるさまざまな講演会を開催・配信している非営利団体）で提唱した「グリット」（grit）という概念が、大きな注目を浴びました。

グリットとは、成功者が共通して持つ能力のことで、知能指数の高さや学歴は関係ありません。さらにいうと、外見の良さや、身体的能力の差でもありません。

では何が成功に関係するのか。それは「困難があっても、続ける力」「情熱を持って取り組む粘り強さ」です。

グリットは、夢や目標に向かってがんばり続けることですが、それは一週間や一カ月といった短い期間ではありません。何年にもわたって努力し続けることで、夢や目標が叶うというものです。短距離走ではなく、長距離走なのです。

グリット（＝続ける力）は、後天的に鍛えられることがわかっています。

それは脳科学的な見地からもいえます。目標を達成する強い意志を持ち、やり続けるというのは、脳でいえば前頭葉が司《つかさど》る能力です。前頭葉は思春期を過ぎても発達し続け、人間の成長過程において一番遅れて成熟していく場所として知られています。脳の中で一番、後天的な訓練の効く場所なのです。

「超地頭力」を鍛えるためのふたつ目として、続ける力を身につける方法をお話ししていきたいと思います。

成功に必要なのは才能でも知能の高さでもない

アンジェラ・リー・ダックワース氏は、グリットが成功にもっとも関係の強い要素だと述べています。**ある人が成功するかどうかは、生まれ持った才能でも、知能の高さでもなく、情熱を持って何かを継続する力があるかどうかに左右される**というのです。

このことにダックワース氏が気づくきっかけとなった、ある出来事がありました。

彼女が二十七歳のとき、ニューヨーク市内の公立学校で、7th grade（日本でいう中学校一年生）の子どもたちに数学を教えていた頃のことです。もっとも成績の良い生徒と、もっとも成績の悪い生徒のＩＱを調べてみたところ、両者に違いはほとんど見られませんでした。

ＩＱの数値が低いにもかかわらず、テストで良い点を取る子どもがいる一方で、ＩＱは高いのにテストで悪い点を取る子どももいました。その経験から、ダックワース氏はＩＱの数値に関係なく、時間をかけて粘り強く勉強に取り組めるかどうかが、テストの点数を左右するのではないかと気づいたのです。

与えられた問題に対して、早く答えを出すことが求められる知能テストでは、瞬間的な理解力を測ることはできても、ひとつの問題に粘り強く取り組む力があるかどうかは測れません。そして人生で成功する要因は、時間をかけてじっくり取り組まなければ習得できないもの、ＩＱでは測れないものの中にあるのではないか。

そう考えたダックワース氏は、教育現場を離れ、大学院で心理学を学び、心理学者となり、成功の秘訣を探るため四つの調査を行ないました。

ひとつ目の調査対象は、アメリカの陸軍士官学校。厳しい軍事トレーニングに耐えて残る入隊者と、耐えきれず中途退学してしまう入隊者を予測。

ふたつ目の調査対象は、ナショナル・スペリング・ビー（英単語のスペル暗記を競う全米大会）。どの生徒が勝ち残るかを予測。

三つ目の調査対象は、過酷な労働環境の中で働いている教育現場。どの先生が年度末までその学校を辞めずに残るか、そのうちもっとも生徒に良い影響を与え、生徒が持つ能力を引き出すことができた先生は誰かを予測。

四つ目の調査対象は、一般企業。どのセールス担当者が生き残れるか、トップセールスを記録したのはどのセールス担当者かを予測。

これら四つの異なる調査対象について研究した結果、成功を収めた人たちが共通して持っていた性質が、ひとつの課題に対して、挫折にも負けず、長期間にわたって熱心にやり続ける力、「グリット」でした。

グリットを育てるために大切なこと

マラソンの有森裕子さんは、バルセロナとアトランタオリンピックで二大会連続メダルを獲得したことで有名です。有森さんの成功の背景にも「グリット」がありました。

有森さんは、高校生の頃、陸上部の監督から「才能がない」といわれて、入部を認めてもらえなかったそうです。どうしても陸上をやりたかった彼女は、入部が許されるまで監督の出先に顔を出して、入部させてもらえるようにアピールし続けたのだと聞きました。

大学に進学しても有森さんの記録は平凡なものでした。大学卒業後、小出義雄監督率いるリクルートへも、なかば押しかけのようなかたちで入りました。

長い間芽が出なかった有森さんですが、記録が振るわなくても、腐ることなく最後までやり遂げた結果、アスリートとして揺るぎない実績を残すことに繋がりました。その意味では有森さんは間違いなく「グリットを持つ人」です。

グリットが注目されるようになったのは最近のことですが、今思い返せば、成功している人の中にはグリットを持っているケースが多いように思います。

十九世紀末から二十世紀初めに活躍したフランス人画家、アンリ・ルソーはジャングルの様子や、砂漠で眠る女など幻想的な作風で知られていますが、二十数年間にわたりパリ市の税関の職員として働き、休日に絵を描く日曜画家でした。ルソーが世に出るきっかけとなったのは、パブロ・ピカソが偶然彼を見出したことでした。

当時は絵を描くキャンバスが高価だったため、絵が描かれたあとのキャンバスが、塗りつぶして新しい絵を描くための画材として売りに出されていることがよくありました。ピカソは、ルソーが描いた絵が売られているのを見て、その絵の素晴らしさに驚いたのです。
ルソーが画家として認められたのは、ピカソの発見のあとも時間がかかりました。その証拠に、ルソーの代表作の大部分は彼が税関を退職した後の五十歳代に描かれています。このように長い間、画家として認められなかったにもかかわらず、ルソーは働きながら、自分の才能を信じて、こつこつと描き続けていたのです。それはルソーにグリットがあったからでしょう。

相対性理論を打ち立てたアインシュタインは、大学を卒業したあと、望んでいた大学での助手になれませんでした。そして特許局で物理学とは関係のない仕事をするかたわらで、時空の理論をつくるという夢をあきらめずに、論文の執筆に取り組みました。アインシュタインというと、ものすごい大天才で才能の塊というイメージですが、彼が成功したのはグリットがあったからといっていいでしょう。

グリットは、いわゆる才能よりも強く、その人の成功にかかわるといわれています。ダメだといわれても、けなされても、とにかく続けること。そのような粘り強さが、最終的には結果に繋がるのです。

そこで**グリットを持つ子どもに育てるには、まずは「知能は生まれつき固定されたものではなく、後天性のもので、努力を重ねることによって変えることができるもの」という考え方を知ることが第一歩**となります。

この考えは、スタンフォード大学のキャロル・ドゥエック博士が唱えたものです。ドゥエック博士の実験では、子どもたちに「知能は生まれつきのものではなく、挑戦し続けること、努力することによっていくらでも伸ばすことが可能である」と教え込んだあと、難しい問題を解かせると、子どもたちは難しい問題に対しても失敗を恐れず、自ら進んで挑戦しようとすることがわかりました。

大人ができるのは、失敗を恐れずに挑戦し、失敗から学んだことを次に生かし何度でもやり直せることを教えることです。そのためにも、子どもたちのモチベーションを高めながら学べる環境をつくってあげることが大切です。

欲望を先延ばしできる能力はどう伸ばすか

グリットという能力に関連して、もうひとつ重要な能力があります。それは「欲望を先延ばしできる」ということです。

欲望のコントロールについて、アメリカの心理学者、ウォルター・ミシェル氏が考案した有名な実験があります。その名も「マシュマロ・テスト」。

どのような実験かというと、被験者である子どもの目の前に大好物のマシュマロを置き、その子どもがどれくらい食べたい気持ちを我慢できるかを調べるテストのことです。実験者は子どもに、「今から私が帰ってくるまでの十五分間、マシュマロを食べずに我慢できたら、二倍の量をあげるよ」といって部屋を出ていきます。

その後、実験に参加した子どもたちの追跡調査をすると、面白いことがわかりました。十五分間待って二倍の量のマシュマロを手にした子たちは、将来の成績がよく、社会的な成功をおさめる確率が高くなるという結果が出ました。

自分が欲望を持ったとき、その欲望から得られる満足感を先送りにし、一時的に欲望を抑えられる能力が、人生の成功においては重要な意味を持ちます。なぜなら成功のためには、長い期間にわたる努力と奮闘が必要で、結果が出るまで我慢しなければならないからです。

つまり、欲望のコントロールは、目標達成に欠かせない要素のひとつなのです。

それでは、欲望をコントロールするにはどうすればいいでしょうか。

脳の特性から考えると、「支配する私」と「支配される私」というふたつの「私」を鍛えることが有効です。

人間の脳には、前頭前野に体をコントロールする部分があります。ここが意思決定を行なう「私」の中枢となっています。人間は「支配する私」(前頭前野)と「支配される私」(前頭前野以外)のふたつに分けられます。

例えば、「英語の本を原書で読もう」と決めたとします。このとき、英語の本を原書で読むという決断をする「支配する私」が前頭前野にいます。英語の本を読むのが、初めてという人にとっては、辞書を引き引き苦労しながら読むことになるでしょう。ですが、「支配する私」の決断を実行すると、英語力が鍛えられます。英語の本を読み続けていくと、脳の英語処理にかかわる回路が鍛えられるため、英語力が伸びます。そして「英語の本を原書で読む」と決断した「支配する私」の作用によって「支配される私」にも変化が起きます。

英語の本を読むのは苦しいことですが、苦しい、やめたいという感情を「支配する私」が時間をかけて手なずけると、「支配する私」は成長し、「支配される私」をうまくコントロールすることができるようになります。こうすると、欲望をうまくコントロールすることができます。

ただし、ここで注意してもらいたいのが、**他人からの指示待ちでは「支配する私」は育たない**ということです。

勉強とは本来、自らの意志でやるかどうかを決めるものなのに、学校からの宿題が出ると、「宿題をしなければならない」という強制力が働きます。すると、他人からの命令に従っているうちに「支配される私」は鍛えられても「支配する私」は育ちません。

本来、グリットとは自分で課題を見つけ、困難や失敗に遭っても自分で自分をコントロールして目標を実現していく力です。つまり「支配する私」と「支配される私」を自分の中で両方持っていなければなりません。

そんなときは、強制的な課題を自分の課題だと置き換えることで「支配する私」を育てましょう。課題の中身は変えられなくても、それを「いつやるか」は自分で決められます。まずは、「何をどれだけやるか、いつ始めるか」を自分の意志で決めるのです。

すると、「友だちと遊ぶために、宿題を一時間で終わらせよう！」となって、他者の課題が自分の課題になり、時間配分をするだけでも、課題に対して責任を持てるようになり、「支配する私」が育まれます。

グリットの習慣化のために完璧主義とやる気はいらない

グリット（＝続ける力）においてもっとも大事なことは、いうまでもなく「習慣化させる」ことです。

習慣化の妨げになるものは、「完璧主義」と「やる気」のふたつ。

まずは、完璧主義から説明しましょう。

完璧主義の人は、完璧に続けられるための環境を整えようとします。「続けるためには、他のものに手を出していけない。よそ見をせずにそれだけに集中しよう」「集中するためには、友だちとの誘いは断ろう」「彼女（彼氏）をつくるのはやめよう」と考えがちです。

しかし、何かを成し遂げるには何年もの時間がかかることもざらですから、何年も友だちの誘いを断っていては、友だちがいなくなってしまいます。彼女や彼氏をつくらない、というのも下手をすれば一生誰ともつきあわないで終わってしまうかもしれません。それでは、あまりにもさびしいのではないでしょうか。

ひとつのものだけに集中していると、他に良いアイディアがあっても見落としてしまう可能性もありますので、あまり肩ひじを張らず、「私はこれだけに集中するの！」とかたくなになることもないと思います。

また、続けられるための条件を完璧に整えてやろうとすると、条件がひとつでも整わなかったら続けられなくなってしまうので、続けるためには逆効果です。

完璧主義者は、自分の中で決まりをつくるのが好きです。例えば、「毎日、英単語を一〇個覚えよう！」と決める。にもかかわらず、忙しくて、決めてから四日目に休んでしまった。すると、完璧主義者は「続けられなかった……これじゃあ、三日坊主だ」と落ち込んでしまって、すぐにあきらめてしまいがちです。

それはとてももったいないことではないでしょうか。というのは、どんな人でも一日も休まずに、ひとつのことだけを続けるのは無理だからです。急用ができたり、体調を崩したりすることは誰にでもあることなのですから。

ここで大事なのは、三日坊主でも、三日続いたことに目を向けて、「三日は続いた。ならば、三日坊主でもまたそれを一〇回でも二〇回でも一〇〇回でも繰り返せばいい」と前向きに捉えること。昨日まで続いていたのに、今日できなかったからもうダメだとあきらめるのではなく、とにかくとぎれとぎれでもいいから、続けることが肝心です。

三日坊主になってから、再び始めるのに有効なのは、「ベスト・エフォート」という考え方です。ベスト・エフォートとは、「自分ができる最善の努力をする」という意味。たとえ、しばらくサボってしまったとしても、今日やらないよりは、今日やった方がいいに決まっています。

英単語を覚えるのをサボってしまったという過去は気にせず、今日からまた再スタートを切ればいい。**私たちが常に自由になれるのは「今、ここ」だけなのだから、「今」の自分にとっての最善を選べばいい**のです。「今、ここ」でやることで、自分の人生をその分だけ向上させることができます。そのような現実的判断が、続ける力を支えます。

次に、やる気。

僕はほぼ毎朝一〇キロ走っているのですが、これはやる気があるから続いているわけではありません。朝起きたときに、「今日はなんだかやる気が起きないなあ。今日は走るのをやめようかな」と思うこともしばしばです。それでも続けているのは、すでに習慣化しているからです。

習慣化されると、やる気がなくても、いつものルーティンなので自動的に体が動いてしまいます。「走らないとなんだか、体が気持ち悪い」という状態になってしまっています。

けれども、たとえ習慣化される前でも、**「やる気はあってもいいけど、なくても大丈夫」と考えた方が続けられます。**むしろ、「やる気がないから私はできないんだ」というふうに考えてしまうのは、やらないこと、続けないことの言い訳にしかなりません。

やる気があろうがなかろうが、とにかく続ける、という粘り強い態度がグリットにはむしろ向いています。誰だって、毎日やる気いっぱいで十年も二十年も続けることはできません。それでは遅かれ早かれ燃え尽きてしまいます。むしろ、淡々と、やるべきことをやることで、より遠くに行くことができるのです。

続けるためには「自分の基準」をつくり、自分でごほうびを与える

ハンガリー出身の心理学者ミハイ・チクセントミハイは、幸福についての研究で有名です。

チクセントミハイは、第二次世界大戦後の混乱した世の中で、どんなに社会や経済状況が悪くても、明るく前向きに生きている人がいることに気がつきました。彼は疑問に思います。「なぜ、こんな苦しい状況で、幸せを感じられるのか」と。

あるとき、彼は貧乏な画家の友人が、絵がまったく売れないのに、何日も夢中になって描き続ける姿を見て、絵を描くこと自体がその人にとっての最大の喜びになっているからこそ続けられ、かつ幸せを感じることができるのだとわかりました。

人が幸せを感じるかどうかは、置かれた環境のせいでも、他者から評価されるかどうかでもない。つまり**行為自体が楽しいと思える人は、周りがどんな状況であれ、幸福でいられま**

す。行為自体が楽しいから、続けられるのです。

逆に他者からの評価ばかり気にする人は、社会から評価されないと、行為の意義を感じられず途中で挫折してしまうことが多いといえます。

例えば、大学合格という「社会が決めた成功」を目標にすると、大学に合格した時点で目標が消滅してそこで終わってしまいます。では今度は、就職試験に向けて、ＴＯＥＩＣ®に向けて、資格取得に向けて、と目標の矛先を変えればいいではないかと思うかもしれません。

しかし、試験のように社会から与えられた評価ばかりを目標にしない、という道もあります。チクセントミハイが発見したように、どんなときでも喜びの基準を自分の中で作り出せる人は、幸福です。

喜びの基準を自分の中でつくるには、試験などの他者の基準を突破することを目指すのではなく、自分の基準を大事にして、自分に対して細かく報酬を与えていけばいいのです。

例えば、英語が話せるようになりたいという目標を持っていたとします。その目標は、「ＴＯＥＩＣ®で満点を取る」という目標とは異なり、「できないことができるようになる」

という目標です。

海外旅行をしていて、自分のしゃべる英語が初めて通じたとき、自分が今まで知らなかった英語の表現に出合ったとき、喜びを感じるでしょう。「初めて」や「知らないこと」に出合うのは、知的な欲求を満たされるので自分に対して報酬が与えられたことになります。

反対に、試験で初めての単語や知らないことに出合うと、わからない自分に不安を感じるはずです。「あんなに勉強してきたのに、知らない単語が出てきてしまった。どうしよう」という不安です。

試験とちがって、自分の中に喜びの基準があれば試験の点数が低くても、知らないことに出合えた発見の喜びが得られます。どんなに英語を勉強しても、ネイティブと比べてしまえば、知らない単語や表現は次から次に出てきます。だからこそ、学びに終わりはなく喜びはつきません。

そうはいっても、「誰からも評価されずに、続けるなんて無理じゃないか」と思う人も多いでしょう。

確かに、ひと昔前であれば社会から評価されるとは、本を出版したり、研究が認められて賞をもらったり、と一握りの人たちしか手にできないことでした。

ところが今は違います。インターネットのおかげで、例えば自分がつくった曲をYouTubeに上げれば、多くはないけれど一〇〇人程度のファンはできるかもしれません。そこから、キャリアが始まります。コアなファンはライブに必ず来てくれるでしょう。曲や演奏が良ければ、口コミで広がっていきます。大ヒットなどあてにしなくても、コアなファンとの確実な関係性を築いていければ、息の長い音楽活動が続けられます。

今や、大企業やスポンサーから認められなくても、インターネットなどを活用して自分の作品を世に出せばファンがつき、好きなことをして食べていける時代になったのです。

3 集中力の鍛え方

天才、偉人と呼ばれる各分野の成功者たちは、脳の中でも前頭葉が発達しているといわれています。前頭葉は創造性のある考え方、言語、行動、性格など、人が人らしく生きるための機能を司っています。

前頭葉が発達している人は、普通の人よりも集中力が桁外れに高いといわれています。実際に、地頭の良さは、集中力にかかわる前頭葉の回路の活動と関係があるというデータもあります。つまり、**集中するときに使う前頭葉の回路が強い人ほど、地頭が良い**ということです。もっとわかりやすくいうと、集中力が高い人ほど、地頭が良いというわけです。

集中力が高くて、前頭葉が発達していると思われる人とはどんな人でしょうか。僕が実際に会ってお話を伺ったなかでも、とくにそう感じたのがアニメ映画監督の宮崎駿さんと棋士の羽生《はぶ》善治さんでした。

宮崎監督は、ひとつの映画を完成させるためイメージボードで構想を膨《ふく》らませ、絵コンテによって脚本化するまでを全部自分ひとりの頭の中で考え、アニメーターが描いた原画や動画を自ら手直しするそうです。そのために、朝から晩まで机にへばりつき、鉛筆を握り続けています。

羽生さんは、自動車の運転免許を持っているにもかかわらず、運転はしないといいます。なぜかというと、運転していて突然、将棋のことを思い出すと頭の中に将棋盤が浮かんできてしまって、周りが見えなくなることがあるからだそう。車の運転ができないほど、将棋のことで頭が一杯なのだということです。

このエピソードからわかるように、おふたりとものすごい集中力の持ち主で、誰もが認める天才です。

では、集中力の高さは天才だけの特権でしょうか。

そんなことはありません。

集中力は筋トレと同じように、使えば使うほど鍛えられることがわかっています。

そこで「超地頭力」を鍛えるための三つ目は、集中力の鍛え方についてです。

「『鶴の恩返し』勉強法」で集中力アップ

『鶴の恩返し』という童話をご存じでしょうか。おそらく、知らない人はいないのではないかというほど、有名な物語ですね。

ある寒い冬の日、おじいさんは町にたきぎを売りに出かけた帰りに、一羽の鶴がワナにかかっているのを見つけて助けてやります。その晩、鶴は娘の姿に変身して、自分を助けてくれたおじいさんのために、見事な反物《たんもの》を織ります。

そのときに娘は、「私が反物を織り上げるまでは、決して覗かないでください」と頼みます。


実は僕が中学生の頃、定期試験前に行なっていた勉強法は、この『鶴の恩返し』にヒントを得ています。名付けて「『鶴の恩返し』勉強法」。

鶴が恩返しのために、自分の羽毛を引き抜いて、機《はた》を織る姿は決して見られてはならない姿。僕が勉強している姿も、決して見られてはならない。というよりも、お見せできるような姿ではなかった。鶴が全身全霊をかけて素晴らしい反物を仕上げたように、僕も全身全霊をかけて勉強に集中していました。

目で読みながら、手で書きながら、声を出しながら、全身を使って覚えていくのです。その様子は、全身を使った身振り手振りに声出し、と恥ずかしくて人に見せられたものではありません。

ただ、このときの僕は目の前の教科書以外何も見えない、雑音も聞こえないというくらい勉強に集中していました。まさに機を織る鶴そのもの。他人の目など気にする余裕もなく集中した状態でした。

このような集中力が発揮できたのは、ただ全身を使って勉強していたからだけではありません。「速さ」「分量」「没入感」という集中力に欠かせない三つの要素をプラスしたからにほかなりません。

「『鶴の恩返し』勉強法」の極意

その1　「速さ」

まずは「速さ」についてご説明しましょう。

速さを意識して勉強するには、「タイムプレッシャー」が有効です。タイムプレッシャーとは、自分の作業に、制限時間をもうけること。

僕が小学生の頃、先生が出す計算問題をクラス全員でいっせいに解き始め、早くできた子から先に先生のところに持っていく、という授業がありました。僕はこの授業がゲームをしているように楽しくて、とにかく一番先に先生のところに持っていこうと、必死になって問題を解きました。

このとき脳は、誰よりも早く問題を解こうとがんばるので負荷がかかります。そして、一番に先生のところに持っていければ、それが小さな成功体験になって脳のドーパミンの分泌が促され、次はさらに早く解こうとします。

その後、僕は中学生になると、タイムプレッシャーを自分ひとりで勉強するときにも取り入れるようになりました。例えば、数学の問題を解くにも、国語の文章問題を考えるのにも、ストップウォッチで時間を計ってなるべく短い時間で終わらせるようにしました。次にやるときは、一回目よりも三分早く終わらせよう、それができたら三回目はもう三分早く終わらせよう、と。少しずつ制限時間を短くしていきました。

アスリートのトレーニングのように限界を少しずつ上げていくのです。これを徹底的に繰り返してください。

勉強が苦手な子に多い特徴として、解けない問題をだらだらと考え続けてしまう、ということがあります。解けない問題があったら、一旦あきらめて次の問題にいきます。このとき、スピードを上げることを目的にしてしまうと本末転倒です。スピードは大事ですが、ひとつの問題に取り組んでいる間はものすごく集中した状態で考えることの方がもっと大切です。

確実に、しかし少しずつスピードを上げていきましょう。

速さは、スポーツと同じで一朝一夕《いっちょういっせき》には身につきません。毎日少しずつ、スピードを上げていくことで、習慣化させることが大切です。

ただし、人から強制されてやるものではありません。子どもがせっかく勉強をしようと思っていたのに、親から「勉強しなさい！」といわれ、とたんにやる気が失せる、ということはよくあります。

ですから、自分で制限時間を決めて、自分で限界スピードを上げていくことが肝要です。というのも、やる気というのは人から強制されて出るものではなく、自分でやろうと決めたときに発揮されるものだからです。

「『鶴の恩返し』勉強法」の極意

その2 「分量」

「『鶴の恩返し』勉強法」の極意その2は、ずばり「分量」です。

とにかく圧倒的に学習の作業量を多くすることで、集中力を持続させます。**ずっと何か作業している状態というのは、集中力持続にはとても効果的**なのです。

ただし、勉強時間が長ければいいといっているのではありません。

大切なのは、「長さ」ではなく「量」です。

もちろん、ある程度の勉強量をこなすためには、それなりの長さも必要になってはきますが、それよりも大切なのは、勉強量です。

勉強が苦手な子に限って、勉強する＝いかに長い時間勉強していたか、が基準になってしまう傾向があります。長時間勉強すれば、「今日はよく勉強した！」となってしまう。

勉強時間が長ければいいというのなら、ただ机の前に座ってボーッとしていたり、今やるべき勉強以外のことを考えていたり、先生の板書をノートに書き写しているときや、自宅で音楽やテレビをつけっぱなしにして、だらだらスタイルで勉強していても成績は上がるということになってしまいます。

しかし、それでは集中力は鍛えられません。**成績を上げるためには、勉強時間よりも、集中してこなす勉強量が必要**なのです。

「『鶴の恩返し』勉強法」の極意
その3　「没入感」

「『鶴の恩返し』勉強法」その3は、「没入感」です。

没入感とは、時間が経過することも感じず、周囲の雑音も入らず、我を忘れるほどに集中している状態です。しかも集中しているにもかかわらずリラックスして楽しんでいる状態。

そしてそのときに、最大のパフォーマンスを発揮します。

そういうときは、振り返ってみると「あっという間に時間がたっていた」「いい勉強ができた」「いい時間だった」「楽しかった」と充実感があふれているものです。

第1章でも解説していますが、この没入して集中しているのにリラックスしている状態を「フロー状態」と呼びます。

多くのスポーツ選手が、競技中にフロー状態を経験していることは有名な話です。野球選手が「ボールが止まって見えた」とか、サッカー選手が「パスを出すべき方向が光として見えた」と語るのは、まさにフロー状態にあることを示しています。

フロー状態は、決して「特別な人に訪れる特別な経験」ではありません。

誰もが一度や二度は経験しているものなのです。

子どもの頃を思い出してみてください。遊びに夢中になって、日が暮れたことに気づかなかったという経験はありませんか。これもフロー状態です。

フロー状態のときは、今やっている作業と自分との間に壁はなく、一体化して没入する感覚があります。

では、どうやったらフロー状態に入ることができるのでしょうか。

「フロー」状態に入るためには

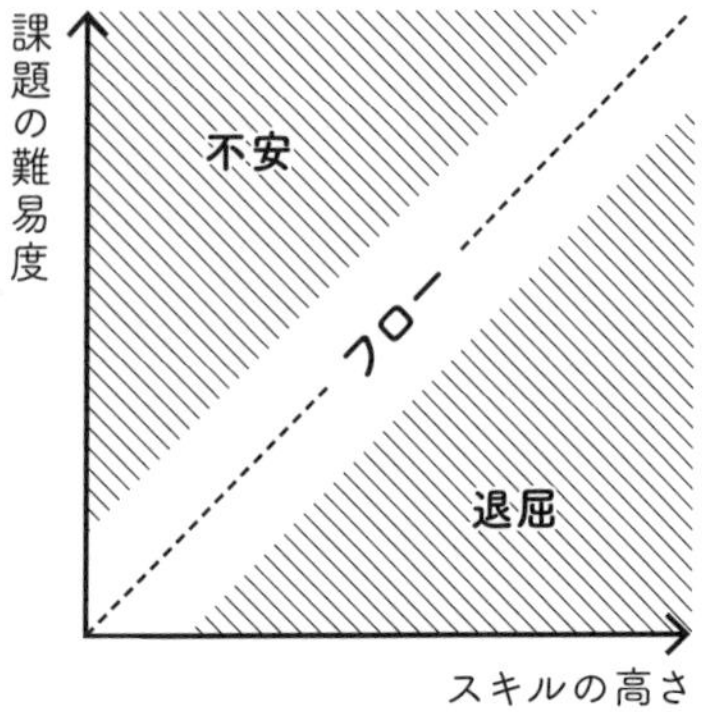

スキルと課題の難易度がつり合っていると、
脳が本気になり、フローに入りやすくなる

フローという概念を提唱したミハイ・チクセントミハイによれば、**フロー状態に入るには「スキルと課題の難易度がつり合っていること」**が重要です。

課題が今の自分にとってあまりにも難しすぎると、歯が立たないのですぐにやる気を失ってしまい、課題に取り組むことを放棄してしまいます。反対に、課題があまりにも簡単すぎると、すぐに飽きてしまいフロー状態には入れません。

フロー状態に入るには、「少しがんばればできる」くらいの難易度の課題を設定すればいいのです。すると脳は本気になり、時間を忘れて課題に取り組み始めます。

その課題をクリアできると、成功体験が得られます。成功体験を経験すると、脳から報酬系物質であるドーパミンが放出されるため、その行動を繰り返したくなります。また、脳は前にクリアした課題よりもう少し難易度の高い課題に挑戦すると、さらに大量のドーパミンを放出するようになります。

したがって、仮に最終的な目標が大きくても、目の前の課題のハードルを少しずつ上げて、フロー状態に入りながら楽しく、最終的な目的にたどり着けるようになるのです。

「思い立ったらすぐ行動」で集中回路が鍛えられる

勉強や仕事で集中力を発揮するには、自分と作業との距離をゼロにして没入することが重要になります。距離をゼロにするとは、勉強を始めるときに障壁になるものは取り除き、思い立ったらすぐ行動できるようにしておくことです。

ただ、思い立ったらすぐ行動には移せない人が多いのも事実です。

「すぐにでも勉強を始めないと、試験に間に合わない」というときでも、「まずは部屋の掃除をして勉強する環境を整えてから」と考え、勉強に入るまでの段取りが長くなってしまう。

一年後の大学受験に向けて勉強するなど、差し迫った試験がない場合、「まずは一年間の勉強計画を立ててみよう」と計画を立てるのですが、完璧な計画を立ててからでないと勉強できない。あるいは、計画を立てることに夢中になっていつまでも勉強に取り組まない、計画を立てたこと自体に満足してしまう。

「勉強しなきゃいけないのはわかっているけど、わからない問題が多くてやる気が起きない。めんどくさい。そもそも自分は勉強に向いていない」

このように考えて、勉強を先延ばしにするのは、そこに心理的な障壁があるからです。勉強に対して嫌悪感や苦手意識があるから、すぐに取り組むことができない。

まずはネガティブな要素はなるべく考えない。というよりも、考える余地も与えないくらいの素早さで、思い立ったときに勉強に入ってしまうのです。そして勉強を始めたら瞬間的に集中する。

名付けて「**瞬間集中法**」。

僕は毎日忙しいので、ブログ、ツイッターや原稿執筆、メールや雑誌論文、ニュースチェックなど、自分ひとりでやることに割《さ》ける時間は朝しかありません。そこで毎朝、起きた瞬間から仕事に取りかかります。まずはベッドサイドに置いてあるパソコンを起動させて、ツイッターのトレンドワードをチェック。その後、近くのコンビニまで歩いていって頭をすっきりさせます。

帰ってきたらブログなどの執筆をして、終わるとメールや論文のチェック。朝食を食べながら新聞を読み、出かけるまでの時間は本や雑誌の原稿を書いたり、データ解析をしたりします。

でも、よくよく考えてみると、今よりも時間があった子どもの頃も、「やるぞ！」と思い立ったら瞬時にトップギアに入れ替え、勉強の世界に没入していました。

このように書くと、「そんなにすぐに勉強の世界に没頭できないよ」という声が聞こえてきそうですね。たしかにランニングでも走りはじめは、なかなかエンジンがかからない。

僕の場合は、起きてすぐにツイッターをチェックしたり、近所に散歩に行ったりすることがよい助走になっています。その後に、ブログやツイッターを書くことで脳のウォーミングアップを終わらせ、本題の仕事に没入していくのがルーティンになっています。

瞬間集中法を自分のものにするには、決まったルーティンの中に自分を入れていくといいでしょう。

また、毎日机の上を片付けるのではなく、机の上にやりかけの問題集や参考書をそのままの状態で置いておくなど、常に「**瞬間的に集中できるインフラを整備しておく**」のも瞬間集中法を習慣化させるためには欠かせません。

一度ルーティンが自分の中に定着すると、脳の中にも瞬間的に集中する回路ができあがるため、「今日はやる気が起きない、めんどくさい」と思っても、体が勝手に動いてくれるものです。

細切れ時間活用法

瞬間集中法が習慣化されたら、今度は二分や三分といった細切れ時間を使って勉強してみましょう。

現代社会では、インターネットやスマートフォンの普及で、多くの人がスピーディに情報を受けたり送ったり、メールの返信にも速さが求められています。結果、普段の生活時間も、細切れに分断されるようになりました。

例えば図書館で勉強しているときでも、携帯電話が鳴ったり、メールやラインが届いたりする。まとまった時間が確保しづらい状況では、細切れ時間を上手に活用していかないと勉強なんてできません。

細切れ時間は、文字通り二分、三分と短い時間なので、それこそ瞬時に集中状態に入れなければなりません。そのためには、まずは瞬間集中法で慣らしていき、助走もウォーミングアップもいらない脳の回路をつくります。そうなればしめたもので、たとえ中途半端な時間でも「やろう！」と決めたらすぐに集中できます。

よくないのは、まとまった時間がないと集中できないという思い込みで、きりのいい時間から始めようとすることです。例えば、今が十九時五十五分だとしたら、二十時から始める、といったように。

そのような考えでは、瞬時に集中することはできません。脳がその気になったら、一瞬で勉強モードに入りましょう。

ただ、細切れ時間に向いている勉強というのもあります。国語の文章題など問題文を読んでいるだけで五分以上かかってしまうものは、向いていません。僕がお勧めするのは、語学です。

英単語を暗記する作業は、まとまった時間よりも細切れの時間を使って覚えていった方が効率的です。例えば、電車の待ち時間、エレベーターの中、トイレの中、お風呂で湯船につかっているときなど。一度で覚えられなかったものは、細切れ時間の度に繰り返し覚えていけば脳への定着率が高まります。

僕の英語勉強法は、ある程度単語が覚えられたら原書を徹底的に読むことでした。これは今でもそうなのですが、例えば自宅のトイレに英語の本を置いておいて、前に読んだところの続きから読むとかは意識しないで、パッと開いたページを二、三行読みます。短い時間なので、とにかくすぐページを開くことを意識しています。

語学以外で細切れ時間を活用するのに向いているのは、アイディア出しです。机に向かって「あれはどうだろう？　これはどうだろう？」と悩むよりは、気分転換にちょっと席を立って何かを取りに行くときや、トイレに行くとき、コピーを取るときなど、歩きながら物事を整理したりしていると、ふとアイディアが浮かんできたりするものです。

まとまった時間がないと集中できないというのは、幻想にすぎません。

たとえ、一分、二分という短い時間でも、積み重ねていけば結構な時間になり、それだけ大きな成果を生むことができます。

あえて雑音の中で勉強する方が集中できる

集中力は、静かな環境よりも雑音のある環境で勉強する方が鍛えられるといわれています。

家族が集まっているリビングや、人がおしゃべりをしているファミレスやカフェ、音楽がかかっている部屋、近くに工事現場があって作業している音が聞こえる場所などです。

なぜでしょうか。それは脳に負荷をかけることになるからです。

静かな場所で集中するよりも、雑音のある騒がしい場所では集中しづらい。そのときに、集中しようとすると脳には負荷がかかります。負荷がかかった状態を続けていると、次第に脳は騒がしい環境でも集中できるようになります。そうなれば、あとはどんな環境にいても集中できるようになるというわけです。

ただし注意しなければならないのは、雑音のある中で勉強することが集中力を鍛えることになるからといって、誘惑の多い場所でも同じ効果があるわけではないということです。

ゲームやテレビが近くにあっていつでも手に取ることができる環境、いつでも眠れるベッドがある環境。このような誘惑の多い中で勉強すると、人間は弱いのですぐに誘惑に負けてしまいます。これでは集中力を養うどころではありません。

音楽を聴きながら、人の話を聞きながら、近所の騒音を聞きながら、といった雑音は脳に負荷をかけることになり集中力を養うことになりますが、誘惑の多い場所での勉強は非効率的になります。

その点にだけ注意していただければ、雑音は集中力アップの強い味方になるでしょう。

4 記憶力の鍛え方

「超地頭力」のひとつの指標として「既存の知識にとらわれず、自分の頭で考えられる力」を挙げました。

これは「論理的に物事を考えられる」ということです。

例えばクイズの問題にあたるとき、知識だけでは解けない問題を推理して解く人がいます。このような人は、論理的な類推によって答えを導き出せる人です。こういうタイプの人が「地頭がいい人」ということになります。

推理は論理的に考えるものなので、勘やひらめきとは違います。また、知識や経験が豊富なだけでは、推理できません。

「フェルミ推定」と呼ばれる問題があります。

イタリア出身の物理学者、エンリコ・フェルミ氏に由来するもので、実際に調査するのが難しいようなとらえどころのない量を、いくつかの手がかりを元に論理的に推論し、短時間で概算することを指します。

例えば、「アメリカのシカゴには、ピアノ調律師は何人いるか？」というような、見当もつかない量を推定する問題のことをいいます。これは実際に、フェルミ氏がシカゴ大学の学生に出題したとされている問題です。

どんなに知識が豊富な人でも、その人数を知っている人はまずいないでしょう。ほとんどの人が答えを知らないこの問題を、シカゴの人口や、ピアノのある家庭の割合などを仮定することで、答えを推論していくのがフェルミ推定です。

フェルミ推定はひとつの例ですが、このように、知識だけでは解けない問題を推理力で解くことができるのが、地頭のいい人なのです。

それでは知識は、もはや必要ないのではないか、と早合点してしまうかもしれませんが、そうではありません。地頭のいい人は、記憶力や知識や経験を蓄積し、それを論理的に推理に生かすことができる人なのです。

ということは、地頭力を鍛えるためには、前提としてまずは知識量を増やしていかなければなりません。知識量を増やすには、記憶力が必要になってきます。

「超地頭力」を鍛えるための四つ目は、記憶力の鍛え方です。

また記憶力は、今の受験を乗り切るのに欠かせない能力でもあります。

五感を総動員して記憶する

自分でいうのもなんですが、僕は昔から記憶力のいい方でした。

といっても、もともとの素質として記憶力に優れている脳を持っていた、という意味ではありません。脳の記憶のメカニズムを知る前から、脳の特性を生かした記憶法で暗記していたということです。

どういう方法かというと、視覚・聴覚・味覚・嗅覚・触覚といった五感を総動員させて記憶するというもの。

英語を覚える場合を例に取りましょう。英単語や英文を黙読するだけではなく、英語を耳で聴いて、目で見て、声に出して読んで、手を使って書きます。このように**五感を総動員して記憶すると、記憶が定着されやすくなります**。

それではなぜ、五感を総動員すると記憶が定着されやすくなるのでしょうか。

脳が情報を記憶するときのメカニズムを説明すればわかります。

記憶は、脳の大脳皮質にある側頭葉の側頭連合野に蓄えられます。側頭連合野は、視覚・聴覚・味覚・嗅覚・触覚といった五感や、自分が行動する動機や心的態度などのさまざまな機能、いわゆるモダリティ（機能ごとに分かれた回路動作のモード）を統合するところです。

この側頭連合野は、さまざまなモダリティから働きかけた方が記憶が定着しやすいという特徴を持っています。ですから、五感などのさまざまなモダリティを総合的に使って覚えることによって、より記憶を定着させることが可能になります。

また記憶には、長い間覚えている「長期記憶」と、一時的に覚えている「短期記憶」があります。「長期記憶」は側頭連合野に、「短期記憶」は海馬に蓄えられます。勉強したことを覚えておくためには、海馬の働きによって短期記憶を側頭連合野に長期記憶として定着させる必要があります。

脳がものを覚えるメカニズム

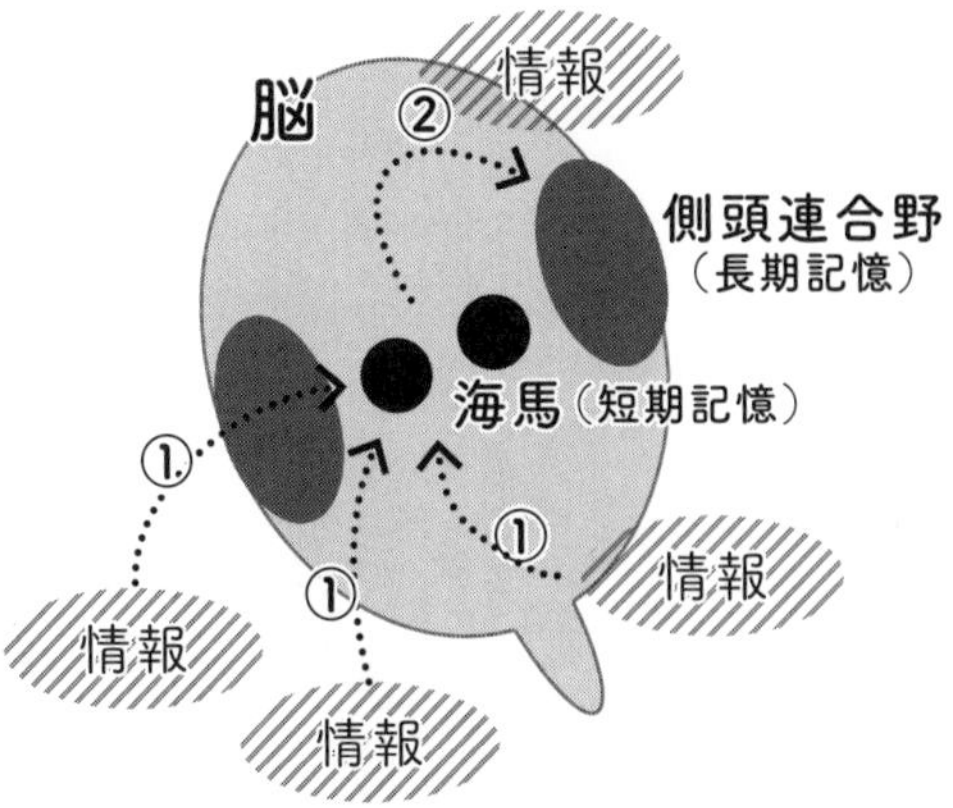

その際、さまざまなモダリティから働きかけると、海馬が活性化して、記憶が定着しやすくなります。そして、海馬に記憶されているもののうち、**何度も反復して脳にアクセスされたものは、「重要な記憶である」と判断されて、側頭連合野に送られて長期記憶として定着**します。

この記憶のメカニズムを使って長期記憶にするには、ある覚え方で五感に訴えかけることが重要です。

ある覚え方とは、まずテキストをノートの横に置き、文字をノートに書き写します。このときの大事なポイントは、書き写すときにテキストを一旦伏せ、その言葉を思い出しながら書くこと。テキストから目を離すことで、一時的に脳の中に記憶する。これによって「これは重要な記憶だから覚えなさい」という信号が脳に送られます。それを何度も繰り返すことで、長期記憶として脳に定着するのです。

反対に、テキストを見ながら書き写すと、「一時的に脳の中に記憶する」という作業が抜けるため、記憶が定着しません。僕の高校時代のクラスメイトで、「時間をかけて、世界史の教科書の内容をすべてノートに書き写したのに、ぜんぜん覚えられない」と嘆いている人がいました。彼が覚えられなかったのは、一旦記憶するという作業がなかったため、短期記憶から長期記憶に定着させることができなかったのです。

反対に、五感を駆使して記憶する方法は、脳への定着率が大変高い記憶術です。

ただし、五感を駆使して記憶する作業は、脳に大きな負荷をかけます。楽な作業ではありませんが、これを繰り返すことで記憶の定着率が格段に良くなることは間違いありません。

脳にとってのゴールデンタイムとは？

一日のうちで、暗記することに向いている時間帯は、ずばり朝です。

とくに、目覚めてから三時間は、脳がもっとも効率よく働く「ゴールデンタイム」といわれています。

私たちは日中の活動を通して、目や耳からさまざまな情報を得ています。その情報は、大脳辺縁系の一部である海馬に集められ、短期記憶として一時的に保管されます。その後、大脳皮質の側頭連合野に送られますが、この段階では記憶は蓄積されているだけです。

それが睡眠をとることで、未整理の記憶が整理され長期記憶に変わり、記憶が定着されます。すると朝の脳は、長期記憶に収納されるべきものと、短期記憶に収納されるべきものとに仕分けされ、記憶が整理された状態になっています。

そのため、**朝は脳がクリアな状態になっており、新しい記憶を収納するのに適した状態**なのです。朝は記憶力だけなく、創造性を発揮することが必要な作業にも向いています。脳科学的にいっても、脳の中にさまざまな情報が蓄積されている状態では、純粋な思考が阻《はば》まれてしまうことがわかっています。

逆に、試験前夜に世界史などの暗記科目を徹夜で覚えようというわゆる一夜漬けは、脳科学的にお勧めできません。先ほど述べたように、脳を最大限に活用するには、夜よりも朝が効果的であることは事実です。

夜に暗記や創造性が必要な作業が向いていないのは、朝型勉強が脳にいいのとまったく同じで、夜になると脳の中は日中の未整理な記憶でいっぱいで、効率的に働いてくれないからです。

「でも、朝は苦手……。学校や仕事に行く前に勉強するなんて無理」という人もいるでしょう。

しかし、夜型から朝型に変えるのは難しいことではありません。もともと人類は、夜型にはできていないからです。文明以前はみんな朝起きて、夜寝ていたのですから当然でしょう。

早起きのコツは、文明以前の人類がやっていたのと同じことをすること。つまり、朝すっきり目覚めるためには、太陽の光を浴びることです。これには脳科学的な根拠があります。

朝、太陽の光を浴びると網膜から光が入り視神経が刺激を受けます。その刺激が脳内の視床下部に伝わります。それによって、脳の覚醒を促す神経伝達物質のセロトニンが放出され、「朝になると目が覚めて、夜になると眠くなる」といった生体リズムが整えられていきます。

この生体リズムの基本になる体内時計が視床下部にあります。この部分が睡眠のリズムをつくっているのです。

早起きをするには、朝起きてすぐ太陽の光を浴びること。雨や曇りの日は、部屋の明かりをつけることでも太陽光の代わりになります。朝日の入らない部屋ならば、コンビニに行くなど何でもいいので、理由をつけて外に出ましょう。

脳は環境の変化に非常に敏感です。朝、目を覚ましても暗い部屋の中にいると、「まだ休んでいてもいいのかな」と判断してしまいます。反対に、外に出ると「もう朝だ。目を覚まさなくちゃ」と脳が判断するので、自然に早起きができるのです。

脳の反応の鮮度が高いうちに調べる

本を読んでいるとき、人と話しているとき、授業中、会議中、どんなシチュエーションでもいいのですが、知らない用語や著名人、歴史上の人物などに出合ったとします。

そのときに、「意味がわからないけど、後で調べればいいや」と放っておくのはよくあることだと思います。そのうちに、調べることさえ忘れてしまうなんてケースも多々あるでしょう。

しかし、これはよくありません。**「わからない」「知らない」という脳の反応の鮮度が高いうちに、答えを与えてあげることが大事**です。すると、脳はそのことを素早く記憶してくれるのです。

ひと昔前は、わからないことがあったら辞書や百科事典で調べたものですが、それらが手元にない場合は、調べることはどうしても後回しになってしまいます。後回しにすると、調べる意欲が減退したり、調べること自体を忘れたりしてしまうので、せっかくの知識を得るチャンスをふいにしてしまいます。

ところが今は、スマートフォンやタブレットなど、パソコンとほとんど機能の変わらない携帯型の端末を多くの人が持ち歩く時代になりました。わからないことがあれば、それこそ脳の反応の鮮度が高いうちに、グーグルなどの検索エンジンを使って調べることができます。

僕の場合は、人と話しているときや会議の場などで知らない単語に出合ったら、トイレに行ったついでなどのタイミングで、すぐ調べています。

デジタルネイティブ世代には当たり前のことかもしれませんが、こんな便利なツールを勉強に役立てない手はないと思います。

記憶したものをどう使うか

かつて、人間にとって頭の良さとは、記憶力や知識量を指していました。ですが、インターネットの出現により、世の中の大半のことは検索すればわかるようになりました。

要するに、記憶術を活用するときに大切になる考え方として、「暗記すること自体を目的にしても意味がない」という時代になったということです。

今や、インターネットを使って調べれば、たいていのことがわかります。かつて僕が必死になって暗記した知識も「ウィキペディア」などを読めば、言葉の意味はもちろん、その言葉の成り立ちや用例、学問的解説まで知ることができます。

ではなぜ、ものごとを記憶することが必要とされているのでしょうか。

ひとつには、前述したように自分自身の脳の中に蓄積された記憶力や知識や経験が、ものごとを論理的に推理することに生かせるからです。既存の知識にとらわれず、自分の頭で考えられる力は、論理的にものごとを考えられる力とイコールです。これは、これからの時代に必要になる能力といえます。

もうひとつは、記憶した知識を試験だけに使うのではなく、それを生きた記憶として使うために、知識の記憶が必要なのです。例えば、コミュニケーションをとる目的で英語を勉強する場合、前提として英語を覚えることも必要ですが、それだけでは不十分。

大切なのは、身につけた知識をどう使うか。ここでは、覚えた知識を外国人とのコミュニケーションの道具として使えるかどうかです。つまり、実際に外国人と交流して会話をするようなところに足を運ぶなど、生きた英語を使うために行動することが大事なのです。

5 思考力の鍛え方

ＡＩが台頭するこれからの時代、思考の柔軟性や論理的思考力、自分の頭で考えられる力がなければ、社会の中で必要とされる人材として働き続けていくことは難しいでしょう。

今までは優秀な人材とは記憶力に優れ、たくさんの知識を持っていることでしたが、記憶力と知識量だけでは、インターネットにはかないません。その結果、知識に代わって判断力が問われるようになったのですが、それすらもＡＩに取って代わられようとしています。

ＡＩが得意とするのは、ビッグデータをもとに学習し、適切な答えを見つけ出すことです。したがって既存の分野で、過去の事例や情報が膨大に蓄積されている分野においては、ＡＩと競ってもかなうわけがありません。

一方で、ＡＩにも苦手な分野はあります。これから成長が見込める新たな分野を開拓したり、今まで誰もやってこなかったアイディアを実現させたりといったことです。そして、ここでこそ人間の思考力が発揮されます。
ここで求められる能力は、**競合相手のいない新しい市場（ブルーオーシャン）を切り開ける思考力**です。

従来の教育では、与えられたルールの中で正確な答えを出す人が優秀とされてきました。しかし、それはまさにAIが得意としていること。これからは、既存のルールの中で高い成績をあげる人ではなく、自らルールをつくっていける人が必要とされます。

本書で繰り返し述べてきましたが、その力を育むために、探究学習が注目されています。従来のような一方的に知識を得るだけの学習ではなく、自ら設定した課題に対して、仮説を立てたり、情報を集めたりして、主体的に課題の解決策を探っていこうというものです。
探究学習（＝地頭力を鍛える教育）に必要な能力として、この章では「探求心」「続ける力」「集中力」「記憶力」と挙げてきました。そして五つ目に「思考力」を身につける方法について伝授していきます。

「答えを教えること」を、あえてやめてみる

最近あったある大学でのエピソードを紹介しましょう。

ある日のゼミで、教授が、学生たちに簡単には答えの出ない、少し考え込んでしまうような問いかけをしました。

すると学生たちは、考えるのではなく、口々に「先生、ヒント！」「答えは？」「教えて！」と無邪気に尋ねたそうです。

今の子は、自分で考えるということをあまり楽しめず、すぐに答えを求めて白黒はっきりさせたがる傾向にあります。それというのも、インターネットの便利さに慣れきっているからです。「ググれば答えがすぐに出てくるから、考える必要はない」と思っています。

日本の教育にも問題があります。欧米では幼い頃から、自分で考えることをさせます。幼稚園で園児たちは毎日、「今日は何をしたいか」を尋ねられ、自分でその日にすることを決めなければなりません。一方で、日本の幼稚園では毎日みんなで同じことをします。

家庭でも、「勉強をしなさい！」だの「早く支度をしなさい！」だの、大人が子どもにや

るべきことを指示してしまうため、子どもが持っている子どもなりの考えが潰されてしまいます。

また子どもは、知的好奇心から「空はなぜ青いの？」「どうして、勉強しなければいけないの？」など、自分が知らないことを親や大人に聞いてきます。このときに、大人がすぐに答えられるかは微妙なところです。自分が知らなかったり、忙しくて答えるのが面倒くさかったりすると、「そんなことはどうでもいいでしょ」と突き放してしまうこともあるでしょう。あるいは、「子どもの質問にはなんとしても答えてやらねば！」と、張り切って自分で調べた答えを教えたり、自分の考えを絶対的な正解のようにいったりする。

子どもに対して、やるべきことを指示したり、質問に対して突き放したり、答えを教えてしまったりといった態度は、子どもが自分で答えを見つける機会を永久に奪ってしまいます。

こういうとき、どうすべきでしょうか？

大人が答えを教えてあげる必要はありません。それよりも、子どもの好奇心を邪険に扱わず、かつ邪魔をしないようにするには、「問いかける」ことが大事です。

人は問いかけられれば、答えを考えようとします。「○○しなさい！」と命令されても考えませんが、「どうしたら、いいと思う？」と聞かれたら、「どうしたらいいだろう？」と考えるものです。

それでも、子どもが答えにたどり着けない場合は、答えにたどり着くためのヒントを与えてもいいでしょう。いわば、子どもたちの知的好奇心を支えてあげるコーチ役に徹するのです。例えば、インターネットで調べる方法を教えてあげたり、その道に詳しい人を紹介してあげたりする。

最終的には、子ども自身が「自分で考えるものだ」と理解すること。そして、大人にできることは、知的好奇心を支えてあげて、子どもが自分で考え、答えを出し、行動し、そこから学び続けることができるようにするだけです。

読書は脳にとって一番高度な働きを鍛えるツール

読書は、思考力を高めるにはうってつけのツールです。

読書をしているときの脳は、言葉を通して世界を知り、整理されるという一番高度な働きをしています。つまり言葉を通して想像力を育んだり、視覚、聴覚、嗅覚、味覚、触覚という五感の記憶が言葉によって喚起され、遠い世界に思いを馳せたりするので、抽象的な思考能力を鍛えるには非常にいいのです。

抽象的思考とは、物事を大きなまとまりで、広い視点で捉えることをいいます。もっとわかりやすくいうと、「大切なのは、○○（細かい問題）ではなく、△△（もっと大切なこと）なのではないか？」と考えてみることです。

抽象的思考の利点は、次のようになります。

対立した事柄に共通した、本来の目的を考えることによって、問題解決策を出せる

例えば「円安の方がいいか、円高の方がいいか」と意見が対立したとき、「本来の目的」はなんだろうと考えます。大切なのは、私たちが安心して毎日過ごせることではないか。ならば、為替《かわせ》に影響されない生活を築こう、という解決策を導き出せます。

本来の目的がわかることで、「なぜ、それをするのか」が明確になり、動機づけになる

「将来、エンジニアになりたい」という夢を持っている人がいたとします。「エンジニアになることで、どうなれるのか?」を考えてみると、「自分が本当にやりたい仕事ができる」のようになるでしょう。さらに、「自分が本当にやりたい仕事ができると、どうなれるか?」を考えてみると、「毎日充実した気持ちで働ける」となり、さらに、「毎日充実した気持ちで働けると、どうなれるのか?」を考えると、「毎日が楽しい。幸せ」のような答えになる。

このように考えると、エンジニアになりたいという気持ちの背景には、「毎日が楽しく、幸せな気持ちで働く」という「本来の目的」があることがわかります。すると、「自分はなぜエンジニアになりたいのか」という動機が明確になり、普段の勉強に対するモチベーションが上がるでしょう。

本来の目的と手段の区別ができ、目的を叶えるための選択肢が広がる

資格取得を例に挙げて考えてみると、資格とは第三者から「この人はこのぐらいのことが

できますよ」という証明になります。そのために、多くの人は「第三者からの信頼の証」を得ようと、一生懸命勉強します。ですが、本来の目的が「人からの信頼」ならば、資格以外にも「目の前の勉強に一生懸命取り組み、親や先生から信頼される」ことも選択肢としてはあることがわかります。つまり、本来の目的がわかると、手段の延長上にはない、まったく新しい選択肢を得ることができます。

読書の回路が強化されると地頭がよくなる

読書好きなら誰もが経験したことがあると思いますが、本を読んでいるとその世界にのめり込んで、ワクワク・ドキドキしたり、感動したりしますよね。

脳科学の観点からいうと、本を読んで感動したり、興味を持ったりして、その後、読書体験を重ねてその感動や興味がさらに深まることを繰り返すと、読書に関する回路が強化されます。前述したように、これを「強化学習」といいます。これが脳の学びの基本で、その回路は使えば使うほど強化されます。

読書に関する回路が強化されると、発想力や論理的思考力、コミュニケーション能力、文章力が身につき、地頭の良い人になれるのです。

発想力は、アイディアを生み出す力のことですが、本はまさにアイディアを生み出すヒントの宝庫です。いろいろなジャンルの本をバランスよく読むことは、発想の引き出しを増やすことに繋がります。時折、「物語やフィクションのジャンルは、現実の世界では何の役にも立たない」という人がいます。しかし、フィクションだからこそ固定観念にとらわれず、人と違った観点で物事を見ることができるため、誰も考えつかなかったアイディアが浮かんだりするのです。

論理的思考力とは、因果関係を整理して順序立てて考えること。あるいは、他人にわかりやすく伝えて納得してもらうことをいいます。

この能力は、自分の考えを筋道立てて考えるとき、人前で自分の考えを発表するとき、文章を書くとき、言葉を噛み砕いて理解するとき……ほとんどのシーンにおいて必要なスキルです。

論理的思考力には、パターンがあります。有名なのは三段論法です。AならB、Bなら

C、よってAはCである、というもの。実は、どんな本にも論理の流れがあります。著者は何かを読み手に伝えたいと思って書いています。そのときに、論理的に説明していかないと、読者に自分がいわんとしていることを伝えるのは難しいでしょう。

たとえ、フィクションの小説であっても、ストーリー展開や状況の説明なしには、物語は進みません。そして、そこには論理の流れが必ずあります。

本を読むときに、本全体の流れ、個別の文章の展開を理論の流れとして意識すると、論理的思考力は鍛えられます。ただ、意識して論理の流れを追おうとしなくても、繰り返し読書をすることで自然に論理的思考は身についていくものです。

米カーネギーメロン大学の研究によると、**集中的な読書治療を受けた子どもは、読書力が向上するだけなく、脳内回路が活性化され、コミュニケーション能力も向上するという結果が出た**ことを発表しました。確かに小説などを読んでいると、登場人物の言動などから、他者の気持ちを推測し、人を思いやることが学べます。

夏目漱石の作品や『赤毛のアン』など、僕にとってお気に入りの本には、人間の心理を窺い知ることができる場面がちりばめられています。これらの作品は繰り返し読むことによって、コミュニケーション能力を含め自分の中の大切なものを育ててくれる存在になっています。

脳の発達には「感覚性」と「運動性」両方の学習が必要

脳の成長には、インプットとアウトプットの両方が大事だといわれています。インプットは、例えば本を読んだり音楽を聴いたりして、心を動かされることによる「感覚性の学習」。アウトプットは、思っていることを話したり書いたりする「運動性の学習」のことです。この両方のバランスがとれている状態が脳の発達には望ましいとされています。

ところがほとんどの場合、運動性の学習は感覚性の学習に比べると、発達が遅れがちです。

例えば音楽好きでたくさん聴いて（感覚性の学習）耳が肥えている人は多いですが、いざ演奏（運動性の学習）となるとなかなか上手にできない。音楽の場合は、それが普通です。

しかし、言葉の場合は普段の生活で話したり書いたりするものなので、すべての学習の中で運動性と感覚性のバランスが一番とりやすいといえます。話す力も書く力も、どちらも生きる上で非常に役立ちます。

話す力と書く力が鍛えられるのは、やはり読書です。読書で語彙力は飛躍的に増え、言葉の言い回しや表現方法なども蓄積されます。すると、話すときでも、文章を書くときでも表現力が高くなります。

また、読書により論理的思考力が高まるのは、前述した通りですが、文章を書くことでさらに高まります。書くことは話すことと違い、だらだらと一部始終を書いていると読みにくい。そのため、要点をまとめ、筋道を立てて書くと理解しやすい文章になり、論理的思考力がより高まるのです。

大学入試においても、話す力と書く力は必須です。ハーバード大学やケンブリッジ大学、スタンフォード大学、オックスフォード大学などの有名大学での論文テストでは、「ロボットと宇宙人のどちらに育てられたいか」といった奇想天外な問題が出題されます。それに対して理路整然とした自分の意見を書かなければなりません。

面接ではコモンセンスと判断力が問われます。例えば、「植物はなぜ歩かないのか」というような問題が出されます。数人の教授に囲まれた状態で二、三時間も議論します。そこでどう受け答えしたかが合否に大きく関係します。

でも、そんなことをいきなり問われても、事前に答えを知っている人はほとんどいません。ではどうするのかというと、既存の知識で何とか対応します。植物の生存戦略や、動物の筋肉の中にあるアクチンやミオシンというたんぱく質が植物の中にもあって、それはこんな働きをしている……など、幅広い分野の知識があれば何かしら答えられます。その幅広い知識を支えるのが読書なのです。

日本の大学入試も徐々に欧米スタイルの入試へと変化しつつありますので、話す力や書く力を育む読書はますます重要になってくるでしょう。

子どもたちの未来は、正解や終わりのないオープンエンドな学びの中にこそあるのです。

おわりに

どんな子どもにも、優れているところはいっぱいあります。だから、僕は常々こう思うのです。「人は、『一番優れている人』から『一番劣っている人』までを、序列をつけて並べられるような存在ではない」と。

世の中に凡人なんてひとりもいません。みんなそれぞれユニークで、何かしら得意なものを持っています。一〇〇人の人がいれば、一〇〇通りの長所がある。「ここは彼の方が優れているけれど、ここは私の方がいいかも」。そういう感覚を、子どもの頃から持つことは、とても大事です。

本書で僕は、繰り返し「好奇心の畑を耕す」ことに触れました。自分が好きなこと、得意なことを見つけて、熱中し、探究する……。そう、じつは探究とは、その子の個性を伸ばしていく、ということでもあるのです。

さらに、皆で同じ知識を覚え、それをどれだけ多く、効率的に覚えられたかで成績がつけられる時代は、変化を迎えています。探究学習は、その子の「武器」となる個性を磨くための、有効な手段でもあります。

人が興味を持つことは、非常に幅広く存在します。とても、ひと握りの天才だけでは解明できません。だから、それぞれが自分の得意なことを分担して探究していくことができれば、人類は全体として豊かになっていくのではないかと考えています。

私たちは、これから、それぞれの「個性」という限りない資源を耕す旅に出るのです。この本がその一助になればこんなに喜ばしいことはありません。

本書を執筆するにあたり、取材に協力していただいた堀川高校の谷内秀一校長先生、飯澤功先生、堀川高校の生徒さんたち、開成学園の柳沢幸雄校長先生、YES International Schoolの校長の竹内薫さんには、インタビューを通して学ぶことも多く有意義な時間を与えていただきました。深く感謝しております。

ＰＨＰ研究所の大岩央さん、木南勇二さん、横田紀彦さん、編集協力の石井綾子さんには、本書の企画から取材、完成に至るまで大変お世話になりました。読者のみなさんも最後までお読みいただき、ありがとうございます。

茂木健一郎

二〇一九年三月

PHP新書

PHP INTERFACE
https://www.php.co.jp/

茂木健一郎［もぎ・けんいちろう］

1962年、東京生まれ。脳科学者。ソニーコンピュータサイエンス研究所シニアリサーチャー。東京大学理学部、法学部卒業後、東京大学大学院理学系研究科物理学専攻博士課程修了。理学博士。理化学研究所、ケンブリッジ大学を経て現職。『脳と仮想』（新潮社）で小林秀雄賞を、『今、ここからすべての場所へ』（筑摩書房）で桑原武夫学芸賞を受賞。
著書に、『脳を活かす勉強法』『幸福になる「脳の使い方」』（以上、PHP研究所）他多数。

本当に頭のいい子を育てる　世界標準の勉強法

（PHP新書 1183）

二〇一九年四月三十日　第一版第一刷

著者――茂木健一郎
発行者――後藤淳一
発行所――株式会社ＰＨＰ研究所
東京本部――〒135-8137 江東区豊洲5-6-52
第一制作部ＰＨＰ新書課 ☎03-3520-9615（編集）
普及部 ☎03-3520-9630（販売）
京都本部――〒601-8411 京都市南区西九条北ノ内町11
制作協力
組版――株式会社ＰＨＰエディターズ・グループ
装幀者――芦澤泰偉＋児崎雅淑
印刷所
製本所――図書印刷株式会社

ISBN978-4-569-84281-3

ＰＨＰ新書刊行にあたって

「繁栄を通じて平和と幸福を」（PEACE and HAPPINESS through PROSPERITY）の願いのもと、ＰＨＰ研究所が創設されて今年で五十周年を迎えます。その歩みは、日本人が先の戦争を乗り越え、並々ならぬ努力を続けて、今日の繁栄を築き上げてきた軌跡に重なります。

しかし、平和で豊かな生活を手にした現在、多くの日本人は、自分が何のために生きているのか、どのように生きていきたいのかを、見失いつつあるように思われます。そして、その間にも、日本国内や世界のみならず地球規模での大きな変化が日々生起し、解決すべき問題となって私たちのもとに押し寄せてきます。

このような時代に人生の確かな価値を見出し、生きる喜びに満ちあふれた社会を実現するために、いま何が求められているのでしょうか。それは、先達が培ってきた知恵を紡ぎ直すこと、その上で自分たち一人一人がおかれた現実と進むべき未来について丹念に考えていくこと以外にはありません。

その営みは、単なる知識に終わらない深い思索へ、そしてよく生きるための哲学への旅でもあります。弊所が創設五十周年を迎えましたのを機に、ＰＨＰ新書を創刊し、この新たな旅を読者と共に歩んでいきたいと思っています。多くの読者の共感と支援を心よりお願いいたします。

一九九六年十月

ＰＨＰ研究所